ROMANTISMO

IVAN JAF

José de Alencar e *O GUARANI*

Ilustrações
Verônica Berta

2021

OBRA-PRIMA
coleção

Editora Saraiva

José de Alencar e *O guarani*

Presidência	Mario Ghio Júnior
Direção de Operações	Luiz Fernando Suguimoto
Direção Editorial	Daniela Lima Villela Segura
Gerência Editorial e de Negócios	Carolina Tresolavy
Gerência Editorial	Fabio Weintraub
Coordenação Editorial	Laura Vecchioli
Edição	Hires Héglan e Juliana Muscovick
Projeto Gráfico e Edição de Arte	Nathalia Laia
Diagramação	Thatiana Kalaes
Planejamento e Controle de Produção	Flávio Matuguma, Juliana Batista e Juliana Gonçalves
Revisão	Andréa Bruno e Silvia Campos
Projeto Pedagógico	Chantal Castelli
Iconografia:	Claudia Bertolazzi (coord.), Jad Silva (pesquisa iconográfica) e Fernanda Crevin (tratamento de imagens)

Dados Internacionais de Catalogação na Publicação (CIP)

Jaf, Ivan
José de Alencar e O guarani / Ivan Jaf. – 1. ed. – São Paulo : Saraiva, 2021.

ISBN: 978-65-58670-01-8

1. Alencar. José de, 1829-1877. O guarani – Ficção 2. Ficção Brasileira I. Título.

20-4490 CDD: B869.3

Angélica Ilacqua – CRB-8/7057

CL: 801932
CAE: 736765

2021
1ª edição
2ª tiragem
Impressão e acabamento: Gráfica Eskenazi

Av. Paulista, 901, Bela Vista — São Paulo — SP — CEP 01310-200
Tel.: (0xx11) 4003-3061
Conheça nosso portal de literatura Coletivo Leitor:
www.coletivoleitor.com.br

A imaginação é um prisma brilhante,
que reflete todas as cores que decompõem
os menores átomos de luz, que faz cintilar
um raio do pensamento por cada uma
de suas facetas diáfanas.

José de Alencar

1

capítulo

José de Alencar tinha 27 anos, dirigia um jornal pequeno e falido e não havia publicado nenhum livro. Não podia contar com a proteção ou o prestígio de uma família importante. Não era filho de barão plantador de café nem de presidente de companhia capitalista. Era fruto de uma união "ilícita" entre um padre e uma prima. Um pai republicano, que encabeçara várias revoluções contra a monarquia, antes e depois da Independência. Um revolucionário que havia sido preso muitas vezes e arrastara a própria mãe para a prisão. Bárbara de Alencar, avó de José de Alencar, foi a primeira presa política do Brasil. Belo currículo!

O barulho de alguém martelando no andar de baixo não parava. Alencar precisava escrever oito artigos para o paginador do jornal antes do almoço. O tipógrafo estava esperando. Era dezembro; 1856 estava terminando e, nessa época, os compromissos aumentavam.

Havia alugado aquele maldito sobrado na praça da Constituição para ficar mais perto da redação do *Diário do Rio de Janeiro*. O proprietário não podia fazer uma obra daquelas com o sobrado alugado. O galego miserável estava botando paredes abaixo no térreo, só faltava tudo desabar. Morrer assim seria bem simbólico. Um escritor querendo realizar uma obra e terminar entre escombros.

Eles o tinham contratado como gerente-redator do *Diário* para reerguer o jornal. Ou conseguia leitores e assinantes, ou o jornal acabava e ele ia para o olho da rua.

Foi até a janela e viu, na calçada, um homem escravizado forte banhado em suor batendo com o enxó em um tronco de mais de

4 metros de comprimento. Aquele tronco imenso seria aplainado até virar uma viga. Outros como ele esperavam sua vez numa pilha da altura de um homem. Aquilo não acabaria tão cedo.

As colunas mais lidas dos jornais eram as da seção "A pedidos". Nelas, pagando alguns mil réis, ou até de graça, um sujeito usando um pseudônimo podia falar difamar e insultar alguém, além de inventar mentiras. Eram muito usadas para a crítica literária.

Em seus livros, os escritores costumavam ser líricos, delicados e sensíveis, porém, em "A pedidos", tornavam-se desrespeitosos, maledicentes, truculentos e respondiam aos insultos com insultos e piores. As polêmicas progrediam com réplicas e tréplicas, cada vez mais violentas; muitas vezes descambavam para socos e pontapés, e até duelos, porque, num ambiente intelectual tão restrito como era o do Rio de Janeiro no século XIX, sempre se descobria a identidade do inimigo por trás do pseudônimo.

A afronta por meio da imprensa era quase um gênero literário. Quanto mais agressivo o debate, melhor. Os leitores adoravam. Compravam o jornal por isso.

Todos os poetas e escritores já haviam tido seus embates pelos jornais: Manuel Antônio de Almeida, Pinheiro Guimarães, Joaquim Manuel de Macedo, Araújo Porto-Alegre, Gonçalves Dias...

Polemizar era um meio seguro de aumentar a venda de exemplares. Resolveria o problema de José de Alencar em seu novo emprego.

Quanto mais famoso o escritor destratado, mais repercussão. No meio do ano, Alencar desafiara um homem de letras famoso, importante, reconhecido e poderoso. E acabou criando a maior polêmica jornalística de toda a história do Rio de Janeiro. Tinha agido certo.

Só não podia imaginar que o próprio imperador dom Pedro II entraria na briga.

Foi como um rato sair da toca para polemizar com o gato.

2
capítulo

Dom Pedro II gostava de conviver com artistas, escritores e poetas. Os salões do Paço Imperial e da residência de São Cristóvão estavam sempre abertos para saraus literários. Havia liberdade de expressão. Ele apreciava sinceramente a arte, porém não escondia a preferência por quem se mostrava submisso e reverente. Usava seu poder para influenciar a cultura e o gosto, cooptar os intelectuais e afastá-los das "más influências" estrangeiras, do Romantismo exaltado de Byron, da república, do federalismo.

Para guiar a cultura pelos caminhos que achava corretos, não censurava, mas usava o mecenato e os títulos honoríficos. Recompensava o servilismo e a bajulação com dinheiro: bolsas de estudo, viagens à Europa, empregos públicos, pensões, financiamentos de pesquisas, patrocínios... e comendas como: Cavaleiro da Ordem da Rosa, Imperial Ordem do Cruzeiro, Ordem de Pedro I, Ordem de Avis, Ordem de Cristo e a Ordem de Santiago da Espada.

Para as condecorações, dom Pedro II pelo menos não mexia nos cofres públicos: o agraciado tinha de pagar a distinção do próprio bolso.

Aceitando dinheiro e honrarias, o escritor ficava na obrigação de ser grato, fiel e subserviente. Para a expressiva maioria não era um problema; ao contrário, os escritores esmeravam-se bastante nisso. Tratavam-no como o "pai da pátria", o "pai do povo", "o magnânimo" e o "brasileiro excelso".

Todo 2 de dezembro, dia do aniversário do monarca, os jornais ficavam sem espaço para tantos poemas de saudação e louvores em prosa.

Quase todos os livros eram dedicados a dom Pedro II. Com uma bela dedicatória podia-se conseguir um emprego para a vida toda.

> *Digne-se Vossa Majestade Imperial aceitar a minha oferta e a acolher.*
>
> *Com os mais ardentes votos pela vida e prosperidade de Vossa Majestade Imperial, beija as sagradas mãos de Vossa Majestade Imperial o de Vossa Majestade Imperial mais fiel e reverente súdito,*
>
> *Fulano de Tal*

Ou, no próprio livro de poemas, podia haver estrofes do tipo:

> *Monarca mais ilustrado,*
> *De mais virtude ornado*
> *Não houve nunca, não há;*
> *É ele o nosso paládio;*
> *No seu cetro, no seu gládio,*
> *Da Nação a vida está.*

O Instituto Histórico e Geográfico Brasileiro, fundado em 1838 com o propósito de coletar e publicar documentos importantes para a história e a geografia do Brasil, aceitou logo a proteção do imperador, que passou a presidir todas as sessões, orientando debates, sugerindo pesquisas e propondo temas, que sempre eram considerados muito pertinentes. Em todas as reuniões, lá no segundo andar do Convento do Carmo, o monarca chegava às cinco e meia da tarde em ponto, mesmo embaixo de chuva torrencial.

Os saraus no Paço e no Palácio de São Cristóvão eram mais informais, sem dia certo. Aconteciam geralmente em torno de algum poeta ou escritor, que ia lá ler sua obra na esperança de ver a edição bancada pelo imperador.

Às vezes liam seus próprios livros inteiros. Durante horas.

Era um ambiente de fofoca, malícia, despeito e calúnia, camuflados por hipocrisia e bajulação. Nada, porém, que se comparasse às baixarias das colunas de "A pedidos", porque, afinal, os adversários estavam bem ali, à distância de um soco.

O maior incômodo era que dom Pedro II também se considerava poeta e, quando recitava um soneto de sua autoria, era constrangedor. A maioria elogiava. Poucos se limitavam a um comentário respeitoso e inócuo. Todos o consideravam um poeta hediondo, com um gosto artístico medíocre, mas ninguém se atrevia a dizer isso.

O escravizado continuava lá na calçada batendo com o enxó. O tronco bruto teria de ficar com os quatro lados aplainados. Alencar achou melhor escrever os artigos na redação do jornal.

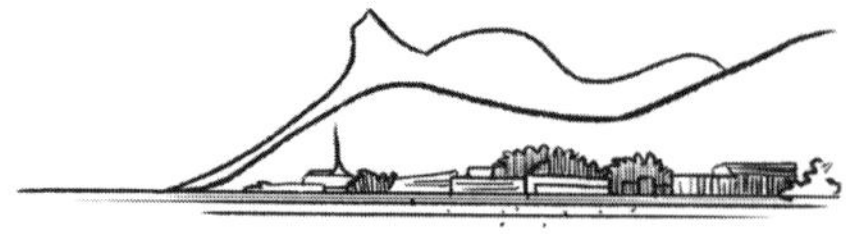

3
capítulo

No final de 1854 desembarcou no Rio, vindo da Itália, o manuscrito causador da polêmica criada por José de Alencar para aumentar as vendas do *Diário do Rio de Janeiro.*

A obra já era esperada. O autor trabalhava nela havia sete anos. Ali estavam, na bagagem do poeta, os originais de um longo poema épico que, para o autor, certamente ocuparia o primeiro lugar entre os monumentos da literatura brasileira.

Uma obra tão importante e fundamental que seu criador não confiou nos correios e veio trazê-la pessoalmente ao imperador.

O nome do poeta era Domingos José Gonçalves de Magalhães. Filho de português ilustre, 43 anos, médico, professor, dramaturgo, escritor e diplomata. Logo depois de formado pela Academia Médico-Cirúrgica do Rio de Janeiro, viajou à Europa para cursos de especialização e acabou entrando em contato com as ideias românticas.

Em 1836, publicou um livro de poemas chamado *Suspiros poéticos e saudades,* cujo prefácio virou manifesto do Romantismo brasileiro. Reuniu os amigos Araújo Porto-Alegre e Torres Homem e lançou a revista *Nitheroy,* na qual continuou propagando os ideais da nova escola literária que dominava a Europa e se expandia pelo resto do mundo.

Foi considerado "chefe" do Romantismo nacional e escreveu duas tragédias de sucesso para o teatro, *Antônio José* e *Olgiato.* Em 1847, entrou para a carreira diplomática e partiu de novo para a Europa.

Começou a escrever o tal poema épico assim que chegou a Bruxelas, na Bélgica, e o continuou pelos países por onde andou, até terminá-lo em Nápoles, na Itália. Antes de assumir um novo posto lá, dessa vez na Sardenha, veio ao Brasil mostrar seu "monumento da literatura pátria".

Esse grande momento aconteceu na tarde de 30 de janeiro de 1855, num sarau promovido por dom Pedro II no Palácio de São Cristóvão. Dia triunfal para Gonçalves de Magalhães. Cercado pela nata da intelectualidade da Corte, ele leu seu original. E leu, leu, leu...

Durante sete horas seguidas.

Dez cantos, em versos decassílabos, às vezes rimados. Mais de 6 mil versos.

Era *A confederação dos tamoios*. Uma obra romântica indianista. A exaltação das virtudes dos primeiros habitantes do Brasil. Uma forma de afirmar nossa nacionalidade.

O poema estava mesmo cheio de índios: Pindobuçu, Aimbire, Comorim, Iguaçu, Jagoanharo, Ararai, Tibiriçá, Potira, Tangapema, Parabuçu, Cairuçu... E também repleto de figuras históricas consideradas importantes: José de Anchieta, padre Manuel da Nóbrega, Villegagnon, Brás Cubas, Estácio de Sá, Mem de Sá, dom Pedro Leitão... Até dom Pedro II aparecia, com o avô, dom João VI, e o pai, dom Pedro I.

Época: a fundação da cidade do Rio de Janeiro. Tema: a invasão francesa, a reação dos portugueses e a união dos tamoios contra os portugueses.

Embora se passasse trezentos anos antes, o poeta deu um jeito de introduzir os três monarcas na história. A solução mirabolante foi fazer Jagoanharo dormir, no sexto canto, e sonhar com São Sebastião. O santo então levava o índio até o alto do morro Corcovado e de lá mostrava o futuro da cidade da qual era padroeiro: a chegada da Família Real Portuguesa em 1808, a elevação do Brasil a Reino Unido, a volta de dom João VI a Portugal, a proclamação da

Independência, a fundação do Império, a abdicação de dom Pedro I, a maioridade de dom Pedro II e como o povo brasileiro o amaria.

— Vê o neto de Reis, de Pedro o filho... No seu paço, sem guardas que o defendam... Mas como o povo o ama! Como o guarda com paternal cuidado, e puro zelo... Da espontânea afeição... — declamou o poeta, diante de um imperador embevecido por ter sido incluído na fundação da cidade pelo próprio São Sebastião.

Dom Pedro II adorou e concluiu que ali estava o grande épico nacional, há tanto esperado. A nossa *Odisseia*. O nosso *Os lusíadas*. A nossa *A divina comédia*. Uma obra a entrar para a eternidade, ser louvada universalmente, inaugurar a "língua portuguesa brasileira", correr mundo pelos séculos afora e recolher aplausos por onde passasse.

Não escondeu seu entusiasmo pelo poema: ali mesmo resolveu imprimir uma "edição imperial" de *A confederação dos tamoios*, com a mais rica e luxuosa encadernação possível. Paga com dinheiro público.

O entusiasmo, porém, não foi unânime. A maioria se decepcionou. Achavam que não era uma grande obra, de modo algum, e estava muito longe de ser o nosso épico nacional. Monumento da literatura pátria? Nem pensar. Mas quem se dispunha a falar a verdade diante de um monarca poderoso, teimoso, enaltecido e tão exaltado?

José de Alencar nem havia sido convidado para o sarau. Só teve contato com o poema quando publicado, em maio de 1856, numa edição realmente luxuosa, saída da famosa tipografia de Paula Brito, ao custo de mais de 6 contos de réis.

Paula Brito tinha uma livraria na Praça da Constituição, 78, muito próxima ao sobrado alugado por Alencar. O livro já circulava por outras livrarias, como a Mongie, a Laemmert, a Garnier e a Firmin Didot, todas entre as ruas do Ouvidor e da Quitanda. Mas foi na de Paula Brito que Alencar colheu as opiniões sinceras sobre o poema de Magalhães. Era ali, nos bancos colocados na parte externa, que, desde a sua inauguração havia três anos, intelectuais e políticos de todo tipo se reuniam para conversar.

Como o dono não admitia discussões acaloradas, o local virou um campo neutro. Conservadores e liberais que se engalfinhavam nas tribunas, escritores de escolas diferentes que se xingavam em "A pedidos", jornalistas de todas as tendências, intelectuais iniciantes e consagrados — ali todos conversavam livremente sobre os últimos lançamentos literários, os sucessos teatrais do momento, as tramoias da política e as maracutaias dos capitalistas, comentavam folhetins, recitavam poemas, contavam piadas ou falavam mal dos ausentes.

Ali José de Alencar soube o que os intelectuais pensavam sobre *A confederação dos tamoios*: tinham detestado. Mas ninguém se atrevia a declarar isso publicamente porque seria afrontar o próprio imperador.

E pensou: Por que não comprar essa briga? Usando um pseudônimo, é claro. Se queria armar uma boa polêmica para vender jornal, ali estava ela.

Num final de tarde, depois de sair do *Diário do Rio de Janeiro,* Alencar caminhava pela rua do Ouvidor quando viu Joaquim Manuel de Macedo com um amigo no Café de Londres. Entre os dois havia um exemplar da epopeia. Alencar entrou, sentou-se com eles, pediu um café, desabafou as dificuldades financeiras de seu jornal e, apontando para o livro, perguntou o que haviam achado dele. O amigo de Joaquim Manuel de Macedo foi categórico:

— A encadernação é mesmo magnífica, mas é como um caixão de luxo para um cadáver pobre.

Alencar decidiu enterrar o cadáver de vez.

4
capítulo

A confederação dos tamoios saiu da tipografia no dia 20 de maio de 1856. Em 10 de junho, apareceu a primeira crítica impiedosa em "A pedidos", do *Diário do Rio de Janeiro.*

Vinha em forma de carta a um amigo. O autor descrevia a si mesmo como um velho solitário morando no campo e assinava Ig.

Começava afirmando que o assunto do poema, tirado dos primeiros tempos coloniais do Brasil, daria um ótimo tema para uma epopeia grandiosa... se fosse escrito por Dante Alighieri. Gonçalves de Magalhães o transformou num episódio menor, o apequenou. Nele até o sol do Brasil parecia frio. A poesia não estava à altura do assunto. Um poeta épico deveria elevar a grandeza e a majestade de seus heróis, mas a vida dos índios no livro de Magalhães não tinha a menor graça.

Um poema épico deveria começar com uma cena grandiosa — afinal, não se entra num palácio por uma portinha —, mas o longo poema do senhor Magalhães principiava com a morte de um índio, assassinado por dois colonos portugueses, e isso decidia uma aliança entre as tribos para uma vingança. Ora, num tempo de hostilidades constantes entre invasores e indígenas, como tinha sido aquele da fundação do Rio de Janeiro, a morte de um índio ou de um português era um fato comum.

Quanto à forma, Ig a qualificava como *descuidada,* apontando *abusos de hiatos, desalinho de frases, ofensas à eufonia, defeitos de estilo, elipses repetidas.*

A crítica ao apadrinhado do imperador explodiu como uma bomba nos círculos intelectuais, causou sensação e surpresa e foi assunto de debates exaltados nas livrarias e nos cafés. Alencar se preparou para travar uma batalha literária. Afiou a pena, esperando que aparecessem os que concordavam com Ig e os indignados defensores de Magalhães.

Não aconteceu nada.

Ninguém se manifestou pelos jornais, mesmo podendo se esconder atrás de um pseudônimo.

No dia 22 de junho de 1856, saiu a segunda carta de Ig no *Diário do Rio de Janeiro.*

Nosso "épico" era decepcionante. O senhor Gonçalves de Magalhães tinha o dom de amesquinhar as coisas. O herói, Aimbire, até conseguia unir os tamoios numa grande confederação contra o colonizador português, mas o leitor naturalmente esperava motivos grandiosos para isso: uma causa mística, o amor à terra onde vivia e à liberdade, a luta contra a dominação estrangeira... Eis que o senhor Gonçalves de Magalhães abria o segundo canto resumindo em dois versos toda a motivação:

> *P'ra acabar co'os ataques reiterados*
> *Dos Lusos, confederam-se os Tamoios.*

Os tamoios se uniram para acabar com tantos ataques dos portugueses. Talvez, se houvesse menos ataques, se conformassem.

Nenhum comentário na imprensa.

Assim não se fazia uma polêmica. Sem contra-ataque não havia luta.

As vendas do *Diário* aumentaram um pouco. Ig insistiu.

A terceira carta ao amigo saiu em 28 de junho.

Gonçalves de Magalhães morava havia tanto tempo na Europa que chamava a baía de Guanabara de "golfo do Rio de Janeiro".

E onde estavam as mulheres? Onde, pelo menos uma, que se igualasse em formosura e altivez a todas as demais heroínas de epopeia? Onde uma Helena, dos gregos? Onde uma Beatriz, de Dante? Onde uma Penélope, de Homero?

Havia uma heroína no poema de Gonçalves: a índia Iguaçu.

Alencar criara o pseudônimo Ig a partir das primeiras letras do nome dela. Mas Iguaçu era uma mulher como qualquer outra. Se lhe trocassem a pele de jaguatirica por um vestido da casa de Madame Barat, ela poderia dançar tranquilamente uma valsa com algum deputado num sarau dos Nabuco, no Flamengo.

E o que o senhor Gonçalves de Magalhães queria dizer com os versos *Que d'alma aos seios sobe e a mágoa abranda?*

O natural era que a alma *descesse* aos seios, por estar num plano superior. Se a alma de Iguaçu *subia* aos seios, onde essa alma estava? No intestino?

Nenhuma reação.

Correio Mercantil, Jornal do Commercio, revistas... Nada. Ninguém aparecia no velório do poema de Magalhães.

No dia 5 de julho, a quarta carta.

Já nem era mais para aumentar as vendas do jornal. Acontece que Alencar não conseguia parar. Pela pena de Ig ia surgindo um manifesto pessoal, o que ele acreditava ser necessário para o surgimento de uma verdadeira obra que representasse o nosso Romantismo indianista. Seu ideal literário, impiedosamente vilipendiado por Gonçalves de Magalhães!

Acusou o protegido de dom Pedro II de fraqueza de pensamento, desalinho das formas e palidez de imagens. De querer ser simples e ser apenas árido. De o amor de Aimbire e Iguaçu não ser elevado nem ter dignidade.

E o que o herói fazia de notável? Proferia um discurso no conselho dos tamoios e, mais tarde, lançava um tacape para o alto, que milagrosamente subia até as nuvens, sem que o autor explicasse bem por que ou para quê.

Um poema épico que corria sem o herói.

As cartas causavam sensação nos meios literários e eram objeto de conversas ao pé do ouvido. Mas, na imprensa, nada. Reação nenhuma. Nem apoio nem contestação. Não fazia sentido continuar. Alencar continuou.

A quinta carta apareceu em 14 de julho.

A confederação dos tamoios levava Ig a perder a esperança de que um dia surgisse uma obra verdadeiramente nacional, que motivasse a mocidade ardente, romântica e cheia de vida a se apoderar de todas as forças da nação.

A reação veio, afinal. No dia 23 de julho. No *Correio da Tarde*.

Era bem agressiva.

5
capítulo

Veio assinada por um tal de O Amigo do Poeta.

Não era réplica às afirmações de Ig. Apenas impaciência de quem se julgava superior e não admitia ser criticado.

O Amigo do Poeta achava o poema de Gonçalves de Magalhães incontestável. Não podia ser criticado, apenas estudado — e, mesmo assim, por escritores e críticos consagrados, capazes de compreender sua importância.

O Amigo do Poeta até citava os intelectuais capazes de analisar o grande épico nacional, com a intenção de obrigá-los a escrever artigos elogiando a obra de Magalhães. A estratégia não deu certo. Ninguém se manifestou.

Ao contrário, O Amigo do Poeta caiu no ridículo: apareceram na imprensa artigos com pseudônimos — Omega, O boquiaberto e O inimigo das capoeiras — afirmando que o poema era mesmo abaixo do medíocre e revelando que O Amigo do Poeta era Araújo Porto-Alegre, de fato um grande amigo de Gonçalves de Magalhães.

Então Porto-Alegre assumiu a autoria e agrediu Ig abertamente em um artigo, chamando-o de despeitado e acusando-o de ser um covarde, que *feria o protegido por não ter coragem de ferir o protetor.*

Isso colocou o imperador dentro da briga.

Estava finalmente criada a grande polêmica nos jornais.

A 9 de agosto, Ig voltou a "A pedidos" do *Diário do Rio de Janeiro,* para continuar *a difícil tarefa de analisar uma obra tão pomposamente anunciada, de um autor que tem tantos amigos e tão poucos defensores.*

> *Em matéria de arte, todo homem tem um título, que é a sua inteligência, e um direito, que é a sua ideia!*
> *Esperava uma refutação às minhas cartas, e não um insulto a quem as escreveu.*

Seguiu arrasando o poema de Magalhães:

> *[...] versos frios e pálidos [...] falta de pensamentos elevados [...] adjetivos sem significado, que só entram no verso para encher o número de sílabas [...] interjeições afetadas [...] simplicidade que não passa de negligência [...] páginas inteiras de versos insignificantes sobre fumo, milho e mandioca, que são coisas boas para se plantar num terreno e não num poema épico [...]*

Àquela altura todos sabiam que Ig era José de Alencar.

Escândalo, desaforo, insolência inaceitável! Onde se viu tal coisa? Um literato sem comendas, sem prestígio, sem livro publicado e sem a proteção de uma família importante afirmar sua opinião daquela maneira contundente, desafiando um protegido de dom Pedro II?

Alencar não se intimidou. O sangue revolucionário corria em suas veias. Não lutava pela República, como o pai e a avó, mas pela literatura. Por um ideal de arte. Pelo Romantismo. Pelo Indianismo.

Então, em "A pedidos" do *Jornal do Commercio*, entrou em cena um novo adversário: o Outro Amigo do Poeta.

O título do pequeno artigo era "Reflexões às cartas de Ig". O primeiro de uma série de quatro, que saíram nos dias 12, 15, 21 e 24 de agosto de 1856.

Também não traziam argumentos literários, apenas enalteciam Gonçalves de Magalhães e sua obra, vendo nesta só beleza e virtude.

> *O reconhecimento do mérito real do poema, depois que for lido com calma, será o único elogio completo do poeta e da ação praticada pelo monarca amigo das letras.*

Logo se soube: o Outro Amigo do Poeta era o próprio monarca!

Num fato inédito na história das monarquias, um imperador entrava em polêmica com um súdito pelas páginas dos jornais.

A revista *O Charivari* publicou uma caricatura em que dom Pedro II analisava o poema montado em um burro.

O principal motivo para o próprio imperador sair publicamente em defesa do poema de Gonçalves de Magalhães foi que ninguém mais, além de Araújo Porto-Alegre, se dispusera a fazê-lo.

E dom Pedro II tentara. Desde as primeiras cartas de Ig, começara a articular a defesa de seu apadrinhado, enviando exemplares de *A confederação dos tamoios* a intelectuais consagrados, no Brasil e em Portugal, na intenção de que as manifestações de apoio e elogio à obra começassem a aparecer na imprensa. Isso não aconteceu.

Polidamente, todos se recusaram a defender Magalhães. Alguns se manifestaram por carta ao monarca.

Alexandre Herculano escreveu que os capitães portugueses estavam muito longe do ideal de personagens épicos. Escreveu ainda: os índios que traíam a própria gente e a religião de seus antepassados para se aliar a conquistadores, como os tamoios fizeram eram relação aos franceses, eram uma completa negação da generosidade e do heroísmo da epopeia.

Nos bancos da livraria Paula Brito, comentava-se que Alexandre Herculano, ao terminar de ler *A confederação dos tamoios*, teria dito a respeito do autor a um amigo:

— Mate-me esse homem!

O historiador Francisco Adolfo de Varnhagen afirmou que o poema estava muito longe de poder aspirar às honras de uma epopeia nacional e que a tal confederação não era épica, e sim bestial.

Para Gonçalves Dias, a metrificação era frouxa e a linguagem imprópria, com imagens pouco felizes.

Caetano Moura, médico e tradutor, declarou que o poema constituía uma prova manifesta do mau gosto e do estado de decadência da literatura brasileira.

Dom Pedro II arquivou essas cartas sem divulgar, mas tudo se soube e a correspondência acabou virando piada nas livrarias, nos cafés e nas tavernas das ruas do Ouvidor e da Quitanda, nos corredores dos teatros, nas redações dos jornais... A causa do imperador estava perdida. O rato tinha vencido.

Ig ainda escreveu duas cartas. Estava adorando chutar cachorro morto. No caso, gato.

Na primeira, afirmou que o Brasil do senhor Magalhães era entorpecido e desanimado. Simbolizar a liberdade selvagem do Brasil com a andorinha e o guará? Francamente! Enquanto os Alpes e a Grécia tinham como símbolo a águia e o cisne, tínhamos a andorinha e o guará? Andorinhas eram pássaros comuns, existiam em todos os países, em qualquer vão de telhado, e o guará era uma ave melancólica, solitária e estúpida, que passava a vida toda na beira dos lagos, de cabeça baixa, comendo sapinhos.

> *Usar o guará como símbolo de liberdade é como representar a rapidez pela marcha da tartaruga!*

Na segunda carta, Ig escreveu que os elogios ao poema feitos pelo Outro Amigo do Poeta, além de ridículos, só podiam ter sido inventados por alguém que perdeu a razão à força de bater com a cabeça nas colunas e frisos de algum palácio em São Cristóvão.

6

capítulo

A estratégia para aumentar as vendas do *Diário do Rio de Janeiro* em meados do ano deu certo. E a vitória sobre dom Pedro II e seu apadrinhado foi bastante agradável. O monarca teve de engolir toda a sua imperial prepotência. De nada lhe valeram as distribuições de comendas, bolsas, patrocínios e empregos públicos.

Mas por que a vontade de continuar brigando não abandonava Alencar, mesmo quatro meses depois?

No começo de julho, quando ainda não sabiam que Ig era ele, Alencar jantava no Hotel de Europa quando um amigo comentou:

— Essas cartas contra o Gonçalves de Magalhães que estão saindo no seu *Diário* causam sensação, mostram uma verdadeira indignação literária, mas para mim traduzem menos uma reflexão detida sobre as belezas e os erros da obra criticada do que o desejo profundo de escrever a obra própria. Mais do que crítica, trata-se de autoafirmação. Esse tal Ig é um autor incubado.

Autor incubado, ele? Não. Para criticar um poema não era necessário ser poeta. Podíamos achar uma flor feia sem ter de fazer outra. Cada um com seu papel. O poeta fazia o fogo, a crítica o assoprava e o leitor usufruía seu calor.

Criticou a epopeia frustrada do senhor Gonçalves porque queria no fundo escrever a sua própria epopeia nacional? Ora, acusar Ig de despeito e inveja era diminuir suas considerações e aviltar seus propósitos! Não se tratava de “Não gostou? Então faça melhor”.

Foi o que pensou na época. Agora, no final do ano, passado o calor da batalha, mas ainda se sentindo incomodado, dava o braço a torcer. Era um escritor incubado, sim.

Faltava-lhe escrever uma obra. Porém teria de ser grandiosa. Ocupar o primeiro lugar entre os monumentos da literatura brasileira.

Anotara em um caderno, ainda jovem: *Eu sou daqueles que não se podem entregar por metade a uma coisa.*

Teria de deixar de criticar e *fazer*. Escrever um livro em que todas as opiniões que havia mantido na polêmica do jornal se tornassem realidade.

Por onde começar? Que assunto tratar? Que forma dar? Um poema longo? Didático? Lírico? Épico? Um romance? Que estilo?

A obra no andar de baixo. A poeira que passava por debaixo da porta, que penetrava pelas frestas mal calafetadas do assoalho. A algaravia dos negros escravizados. As carroças todo o dia trazendo material de construção e levando entulho.

Calçou as botas, vestiu o paletó, cobriu a cabeça com seu chapéu-coco e desceu as escadas. Saiu vagando sem rumo pela cidade, fugindo das marteladas no térreo, da sujeira, das vozes, dos pilões amassando barro, das talhadeiras ajustando as cantarias, dos enxós acertando troncos e acabou de pé em uma taverna junto ao porto, encostado a um balcão encardido.

"Esse tal de Ig é um autor incubado."

A frase do amigo girava em sua mente.

— Ig é que é um autor incubado! Então ele que se vire! — Alencar exclamou em voz alta, para espanto do português que lhe servia tremoços.

Voltou para o sobrado ansioso por reler as cartas.

As cartas de Ig expressavam um ideal, um projeto. Formavam mesmo um manifesto literário pessoal. Para Ig, um poeta brasileiro deveria arrancar do fundo da alma algo nunca sonhado pela velha literatura do Velho Mundo. Se quisesse cantar o Brasil e nossas belezas, teria de esquecer as ideias do homem civilizado europeu.

Tornar-se filho da nossa natureza, embrenhar-se por nossas matas seculares, ver o Sol erguer-se do nosso mar de ouro, ouvir o murmúrio das ondas e o eco profundo e solene das nossas florestas. Se tudo isso não lhe inspirasse uma poesia nova, não o libertasse do Classicismo, melhor quebrar a pena do que manchar páginas com poesia indigna do Brasil.

A nossa luz forte deslumbrava e cegava aqueles acostumados aos ambientes sombrios da Europa. Para captar essa nova luz, tudo tinha de ser novo — desde o pensamento até a forma, desde a imagem até o verso.

A forma como Homero cantou os gregos não servia para cantar os nossos índios. Haveria um novo metro de verso para expressar esse Novo Mundo. E não seria o decassílabo.

A nova forma deveria falar ao mesmo tempo ao pensamento, à imaginação e aos sentidos. Expressar coração, razão e sentimento. Animar, viver, surgir do nada.

Uma nova palavra, animada pelo espírito, rápida como a eletricidade, brilhante como a luz, colorida como o prisma solar, comunicar-se-ia com o nosso pensamento instantaneamente e o esclareceria. Mensageira invisível da ideia, a nova palavra reproduziria todas as variações e nuanças do pensamento nacional, desde o sorriso até a lágrima, desde o suspiro até o soluço, desde o gemido até o nosso grito rouco e agonizante.

Novas ideias. Novas palavras. Novas formas de fascinar os espíritos.

Para Ig, o escritor tinha a missão social de libertar a fantasia de seu povo. E sua arma era a palavra. Por isso, deveria estudar e conhecer a fundo a força e os recursos das palavras de sua língua para, com elas, dar vida às estátuas criadas pela sua imaginação, animá-las com o raio de seu fogo sagrado!

Certo. Mas qual seria essa ideia nova? Qual seria o tema? Sobre qual assunto deveria lançar os tais raios do seu fogo sagrado? O que imaginar? No que se inspirar? Escrever sobre o quê? De que forma?

E pior: escrever *como*, com tanto trabalho no jornal, com a necessidade de ganhar dinheiro, com o final de ano chegando e com aquele maldito barulho no andar de baixo?

Resolveu descer para reclamar com o proprietário. Impossível realizar qualquer tarefa intelectual naquelas condições.

Sem falar na hipótese de o prédio vir abaixo.

7
capítulo

O proprietário não estava, e não adiantava reclamar com os trabalhadores.

Alencar admirou o trabalho do mestre de cantaria, o canteiro, um português sorridente que usava o cinzel com perícia e segurança. Lavrava as pedras de uma maneira tão precisa que elas se ajustavam perfeitamente, umas sobre as outras, sem o auxílio de argamassa.

Puxou conversa com ele. Chama-se Joaquim Pires, chegara de Lisboa havia dois anos e aprendera a arte da cantaria com o pai.

— Por requerer muita prática e habilidade, é um trabalho caro e pouco requisitado. Mas estou a fazer por menos. O patrão aqui não exige que o aparelhamento das pedras seja muito elaborado. O importante é gastar pouco e ser resistente. Este sobrado não é nenhum templo romano. Trata-se apenas de ampliar o armazém de secos e molhados. Os portugueses cá da colônia só usam cantaria em pilastras, cornijas, portais e janelas. Nada de enfeites. Muito menos arte.

— O armazém parecia estar indo bem. Para que ampliá-lo? — perguntou Alencar.

— Os filhos de Portugal agora cá têm concorrentes. Não se vê por toda esta cidade senão alfaiates franceses, dentistas americanos, maquinistas ingleses, médicos alemães, relojoeiros suíços... estrangeiros de todas as seis partes do mundo! Quem não fizer obras e melhorias, fica para trás.

— Mas o galego está quebrando tudo! Não seria mais sensato botar logo todo o sobrado abaixo e construir um novo?

— Não, que esta é uma construção boa e forte. Tem paredes externas resistentes e alicerces firmes. Possui esteios de madeira enterrados a mais de 4 metros de profundidade e receberam o tratamento contra brocas, fungos e umidade que consiste em ressecar o tronco usando o fogo, sem queimá-lo. Isso mantém o núcleo central do esteio em perfeito estado por mais de duzentos anos, mesmo enfiado na terra. Sem falar no alicerce de pedra entre os esteios, colado com uma argamassa de areia, cal e óleo de baleia, tão forte quanto a própria pedra.

— Se foi tão bem construído, mais um motivo para deixá-lo como está. Não se deve mexer no que está quieto.

— Não reparaste que todas as construções da cidade estão a passar por reformas? O caso dos muxarabis, por exemplo.

Muxarabis eram os balcões suspensos nas fachadas dos sobrados, fechados por treliças. Uma sacada, mais estreita que uma varanda, com portas dando para mais de um cômodo. A treliça permitia aos moradores circularem pelo interior do sobrado e pela sacada, sem serem vistos da rua.

— A vinda da Corte portuguesa foi um golpe mortal para os muxarabis — explicou o mestre de cantaria. — Os muxarabis vêm dos árabes, e estamos a apagar todos os nossos traços mouriscos. Neste sobrado havia um belo muxarabi, não sei se o rapaz chegou a ver. Foi a primeira coisa a ser arrancada.

— Sim, lembro. Gostava mais como era antes. Sem o muxarabi, o prédio parece ficar em ceroulas.

— Nada de mouros. Há tempos o estilo português é neoclássico. Queremos valorizar somente a tradição greco-romana. Não posso reclamar. Isso aumentou o serviço de cantaria, já arranjei até trabalhos em mármore. O Brasil está a ser construído. É um país ainda em andaimes.

Alencar voltou à sua mesa de trabalho.

A literatura brasileira, pastiche da portuguesa, já era neoclássica, greco-romana, renascentista. Estava a ser reformada, mas no estilo romântico.

Nosso Romantismo, contudo, era um pastiche. E, pior, ainda estava cheio de cantarias, de mármores, de classicismos. Ora, a Corte tinha ido embora, o Brasil deixara de ser colônia, era um país independente havia 34 anos. Um país novo, num mundo novo, precisando de uma literatura nova. Um Romantismo *brasileiro.*

Estilo artístico não era apenas método, técnica. Era uma atitude diante da vida. Era como o autor encarava seu tempo. Era ao mesmo tempo decisão individual e fruto de uma época.

O estilo neoclássico que o galego queria agora para a fachada do sobrado já era passado. Vinha do Renascimento italiano, surgido no século XV, que, por sua vez, se inspirara no Classicismo da cultura greco-romana. Formas rígidas, técnicas e gêneros bem definidos, respeito às tradições da Antiguidade, às composições bem equilibradas, à busca da harmonia, à sobriedade, à disciplina estética, ao racionalismo, ao intelectualismo, à "pureza" dos tempos antigos, quando os europeus ainda não haviam se misturado com os bárbaros e seus muxarabis.

Ser neoclássico era uma *atitude.*

Os neoclássicos adoravam uma monarquia, de preferência absolutista, mas os tempos estavam mudando. Haviam passado pela Revolução Francesa, pelos movimentos de independência nas colônias, e agora os ideais republicanos se espalhavam por todo o mundo ocidental.

O processo era lento. E violento — que o digam o pai de Alencar e sua avó Bárbara. Porém, era inexorável. Um mundo novo nascia das cinzas do mundo antigo, trazendo um sentimento revolucionário, democrático e libertário e exigindo uma nova atitude dos artistas. E ela já surgira.

O Romantismo.

O nome derivava de "romance", um gênero literário medieval com narrativas de amor, aventura, paixão e fantasias delirantes, totalmente fora dos padrões clássicos.

O Romantismo era a *nova* atitude.

Enquanto o Classicismo pregava razão, contenção, respeito às regras e às formas bem definidas, o Romantismo queria exaltação, emoção, paixão, entusiasmo, exotismo, selvageria, alucinação, fuga da realidade para lugares distantes e fantasiosos, liberdade total para viver e se expressar.

O romântico não se guiava pela coerência: podia ir da alegria à melancolia, do entusiasmo delirante ao desânimo paralisante. O importante era expressar os estados da alma, sem barreiras, e manter sempre o espanto permanente diante do mundo: tudo deveria parecer sempre novo, pronto para despertar reações originais. A alma e os sentidos deveriam inspirar diretamente o escritor, sem o filtro da razão e da lógica.

O Romantismo trazia novas ideias e novas sensibilidades. O romântico podia ir ao passado ou entrar em um universo sobrenatural. Podia tratar da morte, do sonho, do mistério, de túmulos, de ruínas e de orgias. A imaginação era um território livre e sem limites.

Esta palavra definia o espírito romântico: imaginação. Só se podia conhecer a realidade profundamente por meio da imaginação.

José de Alencar era um romântico. Para ele, a imaginação não apenas dava ao escritor a capacidade de criar outros mundos, mas tornava esses novos mundos *reais*, ao serem criados. A imaginação criadora penetrava em um mundo até então invisível para as pessoas comuns, trazendo um novo significado ao que elas chamavam de realidade. Isso criava uma realidade *nova*.

A realidade era só um senso comum. Ela nem existia. A realidade era o mundo visto através da personalidade do artista!

Os alicerces das novas construções românticas eram feitos de sonhos. As paredes, de imagens, emoções, intuições, desejos, mitos e símbolos. A argamassa era a imaginação.

Única regra: inspiração individual. Métodos: espontaneidade, arrebatamento e entusiasmo. Anseios: revolução, luta, novas aspirações.

As paixões impondo seus direitos contra as restrições morais e sociais.

Nenhuma barreira à criação.

Certo. Mas e o tal Romantismo brasileiro?

O que fazer com toda aquela nova atitude literária exaltada num lugar como o Brasil? O que adiantava ser um escritor revolucionário e criador de realidades, expressar todo seu arrebatamento, entusiasmo e imaginação delirante e visionária, lançar raios sagrados... se não havia leitores? Qual era o sentido de criar uma realidade diferente se ninguém tomaria conhecimento dela?

O fato é que ele vivia numa medíocre e recente ex-colônia, por mais de três séculos dominada pela metrópole mais atrasada da Europa, num país que só tivera permissão para ter faculdades e tipografias havia menos de cinquenta anos.

Ter altas ambições literárias no Brasil parecia uma fantasia criada pela mente delirante do mais exaltado dos românticos.

8
capítulo

Sem falar no dinheiro: não se sobrevivia de literatura no Brasil. Não se ganhava dinheiro com romances ou poesia por aqui. Ao contrário, gastava-se. O romancista ou o poeta tinha de pagar do próprio bolso para publicar seus livros, e as tipografias cobravam uma fortuna.

A Imprensa Régia, a primeira tipografia permitida no Brasil desde a época de Cabral, fundada por dom João VI, era também a mais cara de todas. A alternativa era procurar um pequeno comerciante, daqueles que vendiam artigos de papelaria, que possuísse uma pequena e ultrapassada tipografia nos fundos da sua loja, onde imprimia catecismos e histórias da carochinha.

O escritor pagava, deixava alguns livros na loja do sujeito, que ainda queria uma comissão, e o resto da edição levava para tentar vender. Vender onde? As livrarias eram poucas e existiam apenas no Rio e em São Paulo. Até se conseguia colocar o livro nelas, mas lá ele ficava.

Como dizia o jovem Machado de Assis, os livros pareciam nascer e morrer nas livrarias.

Um dos motivos para as vendas fracas, ou inexistentes, além do analfabetismo da imensa maioria, era o preço do livro nacional e a concorrência com os que chegavam da Europa, principalmente de Portugal.

A edição de luxo de *A confederação dos tamoios*, bancada pelo imperador, chegara às livrarias a 6 mil réis. Por esse valor se alugava uma boa casa no Catumbi por um mês. O preço de um livro normal ficava em torno de 2 mil réis, o aluguel de uma moradia popular. Já os livros franceses custavam apenas 200 réis. E eram de Balzac, Victor Hugo, Alexandre Dumas... Sem falar da qualidade de impressão, muito superior.

O livro nacional, feito nessas tipografias de fundo de quintal, era um horror: cheio de erros, linhas trocadas, acentos e letras faltando, mal costurados, com papéis de baixa qualidade.

Quem não sabia ler línguas estrangeiras tinha a opção das traduções portuguesas. Milhares de volumes chegavam o ano todo ao porto do Rio de Janeiro, desde encalhes muito baratos a edições de luxo de uma obra de Alexandre Dumas, em quatro volumes, por 5 mil réis.

Ao autor de literatura nacional restava pagar a impressão de poucos exemplares para perder menos dinheiro. No máximo quinhentos volumes; alguns arriscavam apenas cinquenta. O normal era imprimir entre cem e duzentos e, como escrevera Araújo Porto-Alegre, "esperar o desgosto".

Embora romântico, José de Alencar precisava encarar *aquela* realidade. O mercado de livros não era acanhado. Era inexistente.

Com algumas espantosas exceções, como *A moreninha*, de Joaquim Manuel de Macedo.

Em 1844, depois do sucesso em folhetim no *Jornal do Commercio*, Macedo mandou imprimir na Tipografia Americana a extravagância de mil exemplares de *A moreninha* e conseguiu vender todos. E, no ano seguinte, tirou mais uma edição.

Uma das causas desse sucesso, além dos capítulos terem aparecido primeiro no jornal e despertado grande interesse, foi a estratégia inusitada e pioneira. Macedo contratou vendedores para levar o livro a domicílio, dentro de cestos, como se fossem legumes ou lenha.

Alencar viu *A moreninha* impresso em livro pela primeira vez quando ainda fazia o curso preparatório para a Faculdade de Direito de São Paulo. Tinha 15 anos e já pensava em ser escritor.

Era um garoto muito acanhado e franzino, sempre isolado, habitando mais seu mundo de fantasia do que a realidade. O sucesso de Joaquim Manuel de Macedo, a admiração, o respeito e todas as homenagens que prestavam a um autor de romance, brasileiro, um jovem de 24 anos, estudante de Medicina, despertaram em Alencar a ilusão de que se podia viver de imaginação e fantasia e ser admirado e respeitado por isso. Muito admirado. Teve inveja de Macedo. Quis ser como Macedo no futuro.

Macedo era um ídolo entre os estudantes das repúblicas de São Paulo. Todos conversaram sobre *A moreninha*. Um romance que tratava da vida deles. Não se passava na Europa, não tinha neve, os personagens eram estudantes brasileiros, pensavam, falavam e sentiam como eles.

Um escritor nacional e romântico podia atingir aquela glória? Alencar também queria a glória literária.

No momento, porém, aos 27 anos, estava se afastando dela.

Sem dinheiro, sem conforto nem paz para trabalhar, morando em um sobrado em obras, tentando levantar um jornal decadente... E, para piorar, com a maioria da elite endinheirada furiosa com um artigo anticapitalista que escrevera no *Correio Mercantil*, em que chamara a todos de ladrões e que lhe custara seu último emprego. Sem falar do ódio que despertara no próprio imperador por causa da polêmica.

Romancista e poeta não eram profissões no Brasil. Apenas caprichos. Quem quisesse escrever e não morrer de fome tinha de ter um emprego — público, de preferência. Mas os empregos públicos eram ofertados por dom Pedro II a seus apadrinhados.

Gonçalves de Magalhães, diplomata. Joaquim Manuel de Macedo, professor de História e Geografia do colégio Pedro II. Araújo Porto-Alegre, diretor da Academia Imperial de Belas Artes. Manuel Antônio de Almeida, apesar de redator do *Correio Mercantil* e do relativo sucesso com seu inusitado folhetim *Memórias de um sargento de milícias*, sobrevivia a duras penas como professor do Liceu de Artes e Ofícios. Todos eles nomeados com a ajuda do imperador.

José de Alencar ia ter de se virar sozinho.

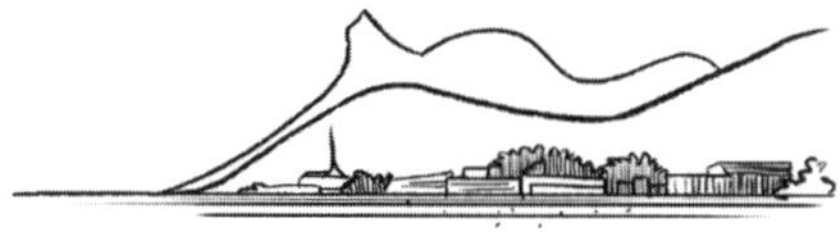

9

capítulo

Em setembro de 1856, a polêmica com o imperador tinha recém-terminado, e Alencar encontrou Joaquim Manuel de Macedo durante o intervalo da sua comédia *O fantasma branco*, num dos corredores do Theatro Lyrico Fluminense.

A peça era um grande sucesso, e naquela noite estava sendo encenada em um programa duplo. A outra se chamava *A nova Castro*, de João Batista Gomes Júnior, uma xaropada em estilo neoclássico, passada no século XIV, contando a trágica história do amor impossível entre dom Pedro, herdeiro do trono português, e Inês de Castro, filha de um mordomo da Corte. Não podia haver nada mais ultrapassado para os padrões românticos. Um imenso drama histórico, em cinco atos, que faria aquela noitada, que começara às 19 horas, se estender até as 3 horas da madrugada.

Duas peças, de estilos tão diferentes, dividirem o mesmo palco era um exemplo concreto dos tempos de transição entre o estilo neoclássico e o romântico em que viviam.

O público, como sempre, levou comida e bebida e, nos intervalos, enfrentava a maratona teatral bebendo vinho e comendo peixe frito com pão e fritada de camarão, como se estivesse em casa, armando uma enorme balbúrdia. Todos falavam ao mesmo tempo, mucamas tentavam acalmar crianças, pais brigavam com filhas por causa de olhares trocados com rapazes inconvenientes, num calor infernal, brigas entre os fãs de atrizes rivais, assobios, xingamentos, lançamento de ovos e até de bosta de cavalo seca.

Como sempre acontecia, um poeta começou a declamar, berrando, do alto de um camarote, em meio àquela algazarra de feira livre, e, por fim, jogou para a plateia dezenas de cópias impressas do poema, numa chuva de papel que Machado de Assis chamava de *aguaceiro intelectual que desafia a paciência pública.*

Como o excesso de entusiasmo havia feito o poeta transgredir a moral e os bons costumes, foi preciso recorrer à guarda para proteger o público dos versos pornográficos. E lá se foi o poeta passar a noite na cadeia para curar a carraspana.

Com *O fantasma branco,* além das lotações esgotadas e do dinheiro, Macedo alcançara a suprema glória no teatro: ouvir o público entusiasmado gritar "À cena, o autor! À cena, o autor!" e, então, ficar de pé no camarote e ser aplaudido! Acontecia em quase todas as apresentações.

Disfarçando a inveja, amargurado com sua situação financeira e literária, deprimido com o fracasso que era a sua vida e com o beco sem saída onde se metera — e ainda sob a comoção do entrevero com o monarca —, Alencar perguntou a Macedo o que um escritor sentia quando atingia o sucesso. O autor de *A moreninha* balançou a cabeça e resmungou:

— Neste país, essa luz, que dizem ser a glória, e que de longe parece radiante e esplêndida, de perto não é mais que o lampejo passageiro de um fogo de palha. De que vale a glória sem o pão? Minha preocupação no momento é tentar sobreviver com o pequeno salário de professor. Ando até arrependido de ter abandonado a carreira de médico para me dedicar às letras. Os rendimentos extraídos da arte são poucos e incertos, e ninguém se alimenta de glória.

Ouvir aquilo do escritor que havia vendido mais livros no Brasil era bastante desanimador.

Antes de voltar ao seu camarote, Macedo riu, lembrando a polêmica de Ig com o imperador:

— Você parece uma abelha, meu amigo. É infatigável. E pica.

Alencar ficou ali, naquele canto de corredor, isolado e melancólico.

"De que vale a glória sem o pão?"

Ganhar o pão se tornava cada vez mais vital para ele, muito mais importante que seu projeto literário. Ele era infatigável, sabia picar, mas tinha de fabricar o mel.

Não voltou para o espetáculo. Foi para seu sobrado pensar na vida.

Havia quinze anos decidira se tornar advogado. Talvez seu pai tenha decidido por ele. A Faculdade de Direito de São Paulo era conhecida como a antessala da Câmara; dali saíam quase todos os deputados e senadores. José de Alencar era o primogênito, e cabia a ele seguir a carreira política do velho republicano José Martiniano de Alencar.

Formado, descobriu que não tinha pendor para a política, talvez por ter conhecido políticos desde a infância, e decidiu ser advogado mesmo. Era inteligente, havia sido um aluno estudioso, podia perfeitamente sonhar com uma promissora carreira em alguma banca de advocacia respeitável no Rio de Janeiro.

Em 1851, formado, ingressou no escritório de Caetano Alberto Soares, um jurista conceituado. Enfurnado em uma pequena sala dividida ao meio por um tabique de pinho, o dia todo debruçado sobre uma mesa de vinhático atulhada de processos e autos de inventários, logo entendeu que não havia como ser feliz ali, vivendo na aridez daqueles assuntos, com sua imaginação exuberante comprimida à força naquele cubículo bolorento enquanto a natureza grandiosa do Brasil pulsava de vida lá fora.

Mas se tratava de fabricar o mel; era um dever, não havia outro meio que lhe proporcionasse a subsistência.

Não podia contar com o pai. A desastrosa Revolução Liberal Praieira de 1848, em Pernambuco, da qual José Martiniano foi acusado (como sempre) de ser um dos inspiradores, foi o ponto final das ambições políticas paternas. O velho guerreiro, de tantas revoluções republicanas, recolhera-se à chácara de São Cristóvão.

Para ganhar o pão, Alencar viu-se condenado ao mofo dos autos e processos, cada vez mais distante do caminho da glória literária.

Sua única esperança era o manuscrito de um romance em que vinha trabalhando desde os tempos da faculdade. A rima de papel vivia trancada em uma cômoda de roupas na chácara do pai, e Alencar voltava a ela sempre que tinha uma folga ou que a inspiração o exigia.

O título era *Os contrabandistas*, um "romance do mar", como *O pirata*, de Walter Scott. Uma obra romântica. Talvez romântica demais, com uma exagerada variedade de gêneros, desde o idílio até a epopeia, mas cheia de imaginação e vitalidade. Alencar sonhava que um dia aquela obra correria o mundo e o afastaria para sempre daquele escritório. Ele só não sabia que, enquanto passava o dia trabalhando, seu original era lentamente, página por página, consumido pelo fogo.

Por estar ocupando o lugar das roupas na cômoda, a rima de papel amarrada com barbante tinha ido parar em uma estante da despensa.

10

capítulo

Era um período de prosperidade. Não para ele, mas para as elites brasileiras.

As exportações de café, algodão e açúcar iam muito bem, e a abolição do tráfico de escravos encaminhava o capital para as indústrias.

O progresso. Em 1854, o Barão de Mauá inaugurou a primeira estrada de ferro do Brasil. Eram 15 quilômetros de trilhos ligando o Porto de Mauá, no fundo da baía de Guanabara, a Fragoso, na Vila de Magé. O telégrafo acelerava as comunicações, agilizava o comércio.

Cidades cresciam e se modernizavam. Ruas ganhavam iluminação a gás e calçamentos de paralelepípedos, por onde circulavam carruagens de luxo em meio a lojas com artigos refinados vindos da França e da Inglaterra e confeitarias que ofereciam a grande novidade: o sorvete.

Havia otimismo e crença no futuro e nos negócios. Os ricos abriam seus salões para bailes e saraus, com serviçais falando francês. O Rio de Janeiro aterrava seus pântanos e expandia-se para o Catumbi, o Estácio, o Rio Comprido e em direção ao mar. Construíam-se enormes mansões em Botafogo, cercadas de jardins em estilo inglês.

Foi voltando de uma delas, em agosto de 1854, depois de um animado sarau, que José de Alencar recebeu o convite.

Francisco Otaviano, um amigo da faculdade, havia se casado com a filha do dono do *Correio Mercantil* e agora era diretor do jornal. Antes, Otaviano fazia sucesso escrevendo uma crônica de amenidades intitulada "A semana" no rodapé do suplemento dominical, porém agora, com a importância do novo cargo, oferecia seu rodapé a Alencar.

Além da direção do *Correio Mercantil*, Otaviano fora indicado deputado geral da província do Rio de Janeiro, por isso não podia continuar sendo escritor. Literatura era uma atividade de estudantes. Byron, Romantismo, liberdade, orgias com prostitutas, versos, repúblicas estudantis, bebedeiras, serenatas, tudo isso precisava ser deixado para trás assim que o sujeito se tornava bacharel, médico ou político.

Os projetos literários terminavam com o diploma. Para entrar na vida profissional, "séria", era preciso engavetar os sonhos. De preferência, negá-los e repudiar as "loucuras" da juventude. Publicar um romance, ou um livro de poemas, depois de formado, era sinal de desajuste, inconformismo e até de afeminação.

A literatura não era compatível com a seriedade da vida adulta, apenas uma crise juvenil. A vida profissional não admitia sonhadores, porque todo sonhador no fundo era um inadaptado, um irrealista. Como seguir um líder político que fazia poemas de amor? Como confiar em um médico que escrevia romances?

O sucesso de *A moreninha* acabou com a carreira de Joaquim Manuel de Macedo. Ele até esqueceu que se formara em Medicina. Certa vez, um amigo o encontrou na rua procurando um médico para fazer o atestado de óbito de uma escrava; teve de sacudi-lo pelo braço e lembrá-lo:

— Aqui está um, Macedo. Você.

Os que não desistiam de seus sonhos, como Manuel Antônio de Almeida, Joaquim Manuel de Macedo, Bernardo Guimarães, Fagundes Varela, Gonçalves Dias e outros, tinham de abrigar-se em empregos mal pagos no funcionalismo público.

— Francisco Otaviano — respondeu Alencar aquela noite em Botafogo, na saída da festa, ao convite para escrever o rodapé do *Correio Mercantil* —, você está abandonando a literatura para seguir a carreira política, deixando o sonho para entrar na realidade, e me propõe que faça o contrário? Trabalho no mais importante escritório de advocacia da cidade. O Dr. Caetano Alberto Soares é advogado da Casa Imperial e presidente do Instituto dos Advogados Brasileiros. Sou inteligente e infatigável; posso tornar-me um grande jurista ou entrar na política e atingir grandes posições. Otaviano... você me oferece um destino que recusa a si mesmo. Quer me convencer a trocar a riqueza, o poder e um futuro tranquilo pelo sonho e a fantasia? Pois aceito!

Alencar já havia mostrado seus dotes como escritor nos tempos da faculdade.

Em 1847, ajudou a fundar uma revista mensal chamada *Ensaios Literários*. Em 1849, publicou nela uma biografia de Filipe Camarão, o herói da tribo potiguar que ajudou Matias de Albuquerque a expulsar os holandeses de Pernambuco no século XVII. Já era uma tentativa de enaltecer as virtudes dos indígenas e de criar um herói brasileiro, idealizado, romântico.

Em 1850, publicou outro ensaio: *O estilo na literatura brasileira*. Em duas páginas e meia, acusava o Classicismo quinhentista de ser lento e truncado, não permitindo grandes voos do pensamento. Aquele modo antigo de escrever servia apenas para expressar a fé austera e as convicções inabaláveis dos homens antigos. No estilo moderno, romântico, havia fluidez e elasticidade, a frase corria solta com o pensamento e se expandia em toda a sua forma de expressão.

> *O Classicismo, nascido nos tempos da fé e do heroísmo dos portugueses, ao conservar a forma imóvel e inflexível das crenças profundas e das convicções inabaláveis, não servia para o mundo de agora, em que as ideias caminhavam delirantes, várias e desvairadas.*
>
> *A literatura brasileira precisava de um estilo ardente e animado que expressasse nossas diversas inspirações,*

entusiasmos, profundos como o seio de nossas florestas e os abismos de nossas montanhas, inquietos e alucinados como o vento sacudindo as nossas moitas.

A frase clássica, com sua austeridade e rigidez severa, esfriava o ardor de nossa poesia, congelava nossas florestas e as tardes de nosso céu, tornava gelado nosso sol ardente!

Sim, Alencar tinha um projeto literário. Ambicioso. Porém, nos quase quatro anos em que trabalhou no escritório de advocacia, só publicou um artigo na imprensa: sobre a legislação referente a hipotecas.

Às 5 horas da tarde do dia 3 de setembro de 1854 tomou posse da sua mesa na redação do *Correio Mercantil*, à rua da Quitanda, 13.

Teria de escrever sobre jurisprudência, movimento nos tribunais e comentar obras jurídicas. Porém, havia o rodapé dominical herdado do amigo Francisco Otaviano. A crônica social. A arte de dizer tudo não dizendo nada.

José de Alencar o intitulou "Ao correr da pena".

E foi obrigado a mergulhar de cabeça na vida em sociedade, frequentar saraus, festas e bailes, assistir a todas as peças de teatro em cartaz, comentar os acontecimentos políticos, os negócios, as grandezas e as misérias do povo e da elite, falar da História do Brasil e do dia a dia, do importante e do frívolo, ser um caminhante assíduo da rua do Ouvidor e adjacências, escrever sobre o comércio, os hábitos e as modas, o Carnaval, o tráfico de escravos, as cidades serranas, as grandes apresentações líricas e suas divas, a novidade das máquinas de costura, o talento do ator João Caetano, os bailes de máscaras...

Não parecia uma atividade adequada para aquele rapaz de 25 anos, estranho, esquivo, agitado, melancólico e cheio de melindres.

Mas ele se saiu muito bem.

11
capítulo

Havia um grande público ávido por notícias mundanas, todos querendo aparecer nas páginas dos jornais. As elites urbanas do Segundo Império se achavam refinadas, gostavam do luxo, da cultura e de festas, muitas festas. Não havia uma noite sem um baile ou um sarau.

Surgiam grandes fortunas, e elas precisavam ser ostentadas. Não tinha graça ser rico e enfurnar-se numa fazenda. Melhor ter também uma bela mansão na cidade, finamente decorada com as últimas novidades de Paris e Londres. Apesar da Independência e de todo o nacionalismo, o "bom gosto" continuava europeu. Sair de casa várias vezes por semana, em carruagens luxuosas, com condutores de libré. Gastar somas vultosas nos restaurantes mais caros. Não perder nenhum espetáculo teatral, nos melhores camarotes.

As mulheres da elite, que até pouco tempo viviam enclausuradas, sob o jugo paterno, do qual só saíam para um casamento arranjado, agora podiam colar o corpo ao de um desconhecido e dançar valsa, bebericar champanhe, viver o namorico de uma noite apenas, cantar, declamar e encenar peças.

Antes educadas somente para o casamento, agora eram educadas para receber convidados, com aulas de etiqueta e francês, piano e dança, moda e conversação. Como escreveu um cronista da época, elas *preparavam-se para os salões como os generais para um campo de batalha.*

E as comparações? As disputas? Quem recebia melhor os convidados, Miguel Calmon ou Nabuco de Araújo? Calmon, o marquês de Abrantes, em seu imenso palacete em Botafogo, que pertenceu a Carlota Joaquina, cercado de viveiros e gramados, mas com a formalidade europeia e a predominância de diplomatas; ou o ambiente descontraído da mansão do conselheiro Nabuco, no Flamengo, onde se misturavam políticos, intelectuais e artistas?

Noites agitadas, que começavam à tarde, nos bares da rua do Ouvidor, nas lojas elegantes, nas calçadas onde as mulheres exibiam as últimas criações da moda, vestidos do Dagnan, luvas da Wallerstein, e usavam perfumes do Desmarais. E perguntavam umas às outras:

— Onde é o baile hoje?

— Vai ao teatro ou ao sarau?

— A diva tal desembarcou ontem do paquete que veio da França e já se apresenta hoje. Vamos ver?

Dias cheios de novidades e "acontecimentos", e toda aquela movimentação frenética tinha de ser documentada e exposta pelos cronistas sociais. Eles eram amados e paparicados.

Por alguns breves meses José de Alencar foi um deles. O melhor. *Eu sou daqueles que não se podem entregar por metade a uma coisa.*

Registrava tudo o que via e ouvia: do último sermão do orador cego frei Francisco do Monte Alverne, na Capela Imperial, à grande novidade das máquinas de costura, trazidas por madame Besse para sua casa de modas na rua do Rosário, 74; da primeira corrida de cavalos do Jockey Clube ao aniversário da Constituição do Império. Tudo isso misturado a citações de Lope de Vega, Byron, Balzac, Dante, Lamartine, Shakespeare, Cícero, Horácio, Voltaire, Milton, Virgílio, Petrarca, Victor Hugo, Stendhal, Xavier de Maistre, Camões, Almeida Garret, a provérbios portugueses e espanhóis e a frases em latim, inglês e francês... Assim, ele mostrava erudição e impressionava.

Metia-se em tudo. Acusou a escada do Cassino de imoral porque deixava ver as pernas das mulheres que subiam. Apoiou a proibição do entrudo no Carnaval, em que as pessoas esguichavam coisas umas às outras, e ajudou a fundar o Congresso das Sumidades Carnavalescas, que, a partir de 1855, inventou um carnaval diferente, com fantasias e carros alegóricos.

Ia caminhar no Passeio Público e escrevia sobre os portões do mestre Valentim. Registrava seus diálogos peripatéticos com Machado de Assis. Na Ótica dos Reis, na rua do Hospício, 71, admirou os pincenês recém-chegados da Europa e comentou os "óculos de vidraça", sem grau, usados pelos dândis que queriam se fingir de intelectuais. Acabou se encantando por uma velha luneta e deu a ela poderes mágicos: imaginou-se na rua do Ouvidor, de pé à porta do Wallerstein, olhando os transeuntes através da luneta, adivinhando todos os seus segredos e descobrindo as intrigas políticas dentro da pasta de um ministro.

Como colunista social, Alencar só não conseguia dançar e namorar. O dever do ofício o obrigava a ir aos bailes, mas era tímido e a valsa lhe metia medo. Quanto às moças, eram elas que tinham medo dele, com aquele aspecto sisudo, a barba negra cerrada, fora de moda, os óculos de míope de verdade, o ar sempre carrancudo, baixo, franzino, ossudo, ombros caídos, pescoço curto, testa muito larga, orelhas grandes, severo, ranzinza, olhos indagadores que assustavam, sempre de preto.

Apaixonou-se uma vez e foi cruelmente rejeitado. Aconteceu num baile no salão do conselheiro Nabuco. Flertou com uma moça muito rica, Francisca Nogueira da Gama, e foi correspondido. Francisca, porém, dançou valsa com outro, porque Alencar não dançava; ele se ofendeu e terminou o namoro.

Seu rival era o jovem rico e poderoso Clemente Pinto, filho do visconde de Nova Friburgo, morador de um palacete no Catete. Francisca terminou viajando com a família para a Europa e não ficou com nenhum dos dois; mesmo assim, Alencar sofreu muito.

A decepção amorosa o tornou amargo e o fez pensar em como seu trabalho era fútil.

Ele, que sempre foi um rejeitado, viveu a excitação enganosa do tímido que de repente descobre a descontração? Onde foi parar o espírito revolucionário, romântico? Onde estava a contestação? Escrever panegíricos ao imperador? Bajular ministros? Era para isso que usava sua pena? Para ser um bobo da corte? Onde estava o crítico severo e implacável de tudo e de todos?

Era infatigável e estava sabendo produzir o mel. Chegara a hora de picar.

12
capítulo

Na coluna "Ao correr da pena" de 21 de janeiro de 1855 escreveu, em tom sério e grave, um manifesto contra a especulação desenfreada no mercado de ações do Rio de Janeiro e as facilidades de concessões de privilégios pelo governo a certos capitalistas, entre os quais o Barão de Mauá. E denunciou: existiam companhias que nada produziam, criadas apenas para a especulação!

Voltou ao assunto em outros rodapés. Começou a incomodar a direção do jornal. Um dos proprietários, Moniz Barreto, era justamente um desses capitalistas privilegiados.

No dia 3 de julho de 1855, o *Correio Mercantil* publicou a relação nominal das pessoas a quem tinham sido distribuídas ações da Companhia da Estrada de Ferro de dom Pedro II. Eram centenas de nomes conhecidos e importantes: advogados, funcionários públicos, deputados, senadores, barões, viscondes, donos de jornal, grandes comerciantes.

Alencar escreveu que aquela lista representava *uma espécie de cadastro, de registro, de livro negro da polícia, no qual se acham escritas as ações de cada um.*

No dia seguinte, no alto da primeira página do jornal, uma nota:

> *O nosso colega, o Sr. Dr. Alencar, declarou-nos que não podia continuar a redigir o* Ao correr da pena. *À redação do* Correio Mercantil *não pode significar melhor o pesar que sente pela cessação de tão delicados e espirituosos artigos,*

do que declarando-o neste lugar, e dando ao Sr. Dr. Alencar agradecimentos cordiais pelos bons serviços que prestou.

Ou seja, foi despedido.

A estranha e ilusória euforia de cronista social durara dez meses.

Estava desempregado, malvisto por todos os outros donos de jornal, e, depois de afirmar que praticamente toda a elite carioca deveria constar de um livro negro da polícia, seria muito difícil reatar a carreira de advogado.

Meados de 1855. Precisava sobreviver. E da pena, pois era um escritor. O que fazia um escritor para ganhar dinheiro?

Podia conseguir trabalho como tradutor. Sabia francês. Todos os jornais cariocas publicavam folhetins, e a imensa maioria vinha da França.

A produção nacional era escassa e pouco profissional, e o público preferia enredos passados no estrangeiro, de autores famosos como Victor Hugo, Eugène Sue e Alexandre Dumas. Queriam estar em dia com os sucessos parisienses.

Os capítulos eram publicados nos jornais daqui à medida que o autor os escrevia lá na França. O intervalo de tempo entre uma publicação e outra era o que o navio levava para atravessar o Atlântico.

O público, principalmente o feminino, acompanhava os folhetins com avidez. Isso estimulava tanto as vendas que o jornal de forma alguma podia correr o risco de decepcionar seus leitores. No caso de um acidente, um atraso do navio, ou perda dos originais que vinham a bordo, o próprio tradutor escrevia o capítulo, continuando a trama, por vários dias, semanas, às vezes até matando personagens, para, depois, quando os originais chegavam, ressuscitá-los.

Quando *O conde de Monte Cristo* terminou, o *Jornal do Commercio* encomendou ao tradutor, Alfredo Possolo, uma continuação, e ele criou *A mão do finado*, "escrita por Alexandre Dumas". Ao saber disso, o próprio Dumas escreveu uma carta furiosa ao jornal, mas não adiantou: o novo folhetim foi um grande sucesso.

As traduções eram feitas sem a autorização dos autores do original, nem pagamento a eles, com péssima qualidade, muita pressa e desleixo, por tradutores sem vocação.

O jornalista Justiniano José da Rocha foi capaz de traduzir os três grossos volumes de *Os Mistérios de Paris*, de Eugène Sue, em um mês. José de Alencar foi visitá-lo uma tarde e ficou impressionado com seu método de trabalho: numa grande mesa na varanda de sua casa, traduzia dois livros ao mesmo tempo, ditando os capítulos para dois escreventes, enquanto as crianças corriam em volta, as mulheres discutiam, os galos cantavam e os criados iam e vinham conversando.

Como Alencar era rigoroso, competente e perfeccionista, com certeza seria um excelente tradutor. Justamente por isso, desistiu. Não poderia concorrer com a produção descuidada, mas rápida, de Justiniano da Rocha, Manuel Antônio de Almeida e outros. Já se imaginava demorando toda uma tarde para encontrar a expressão certa, manhãs inteiras em bibliotecas a consultar dicionários por causa de uma única palavra.

Setembro de 1855 chegou ao fim e ainda não sabia que rumo tomar na vida. Já se haviam passado três meses da demissão do *Correio Mercantil* e sua situação era a pior possível. Morava na casa do pai, dependia da família para comer e dormir e não via saída. Até que um convite inesperado novamente mudou sua vida.

De jornalista desempregado a diretor de jornal.

13
capítulo

O jornal não podia estar mais decadente e a proposta era simples:

— Quer ressuscitar um negócio completamente falido?

Um jornal cujo apelido era *Diário do Vintém*, porque custava apenas uma moeda de 20 réis, um vintém. E a expressão "não vale um vintém" significava "não vale nada". Um jornal que diziam só servir como papel de embrulho nos armazéns; daí seu outro apelido: *Diário da Manteiga*.

José de Alencar aceitou na hora.

Assumiu o cargo de gerente-redator do *Diário do Rio de Janeiro* no dia 6 de outubro de 1855, um sábado. Afirmou suas intenções na primeira página:

> *Sustentar no meio das lutas políticas uma posição independente, reprimir pela sua moderação os abusos e excessos dos partidos, censurar e defender com lealdade e franqueza, sem vistas políticas e unicamente no sentido da utilidade pública, eis a grande missão a que nos parece destinada a alta imprensa diária.*

Bonito, mas do que o jornal precisava mesmo, desesperadamente, era de dinheiro.

O *Diário do Rio de Janeiro* foi o primeiro jornal diário surgido na cidade. Nasceu na Imprensa Régia no dia 1º de junho de 1821. Foi fundado e dirigido por um português, Zeferino Meireles, que mais tarde abriu a própria tipografia e acabou assassinado. Depois de trezentos anos proibida no Brasil, a profissão de tipógrafo independente ainda incomodava muita gente.

O velho jornal atravessara a Independência, a primeira Constituição, as campanhas contra a escravidão, a Regência e suas revoltas sangrentas, as lutas entre liberais e conservadores, o Golpe da Maioridade, a ascensão de dom Pedro II ao trono e agora vivenciava o banho-maria político da Conciliação.

Foi o primeiro a publicar anúncios. Como a impressão terminava às 8 horas da noite, os interessados deveriam deixar seus reclames até as 4 horas da tarde, em caixas espalhadas por diferentes pontos da cidade. Os anúncios eram os mais variados: espetáculos, festividades, fugas e comércio de negros escravizados, compra e venda de todo tipo de coisa, casas para alugar e vender, achados e perdidos... Os anúncios grátis atraíam leitores, e estes atraíam anúncios pagos. A estratégia deu certo por um bom tempo.

Também noticiava furtos, assassinatos, fatos do Brasil e do mundo, previsões meteorológicas, movimento do porto e das marés.

Durante décadas gozou de grande popularidade, sempre procurando manter distância dos temas políticos. Sua longevidade se devia a isso.

Sobretudo a partir da Regência, a imprensa foi usada para veicular ideias políticas. Cada partido, cada facção de cada partido, quase que cada cabeça de cada facção de cada partido fundava o próprio jornal. Esses veículos de imprensa nasciam e morriam como cogumelos. O segredo para um jornal não naufragar era ser apartidário, manter-se neutro, sereno. O que, no fundo, significava ser conservador. E o *Diário do Rio de Janeiro* era tão conservador que só noticiou a proclamação da Independência muitas semanas depois.

Com a idade, tornou-se decrépito e doente. Das antigas glórias, restou-lhe apenas o corpo combalido: a sede da rua do Rosário, 84. Ainda conservava seu grande salão, agora com goteiras, papel de parede descascado, cortinas rasgadas e mobiliário maltratado, no qual a fantasia de Alencar foi logo trocando cortinas, restaurando a grande mesa e instalando os modernos bicos de gás para os jantares e saraus do futuro, repletos de senhoritas elegantes, convidados famosos, artistas, escritores.

Chegar à direção de um jornal, mesmo em ruínas, o animou. Poderia escrever livremente, divulgar suas ideias e seus sentimentos, sem respeitar conveniências políticas e financeiras. Nada de neutralidade. Nada de pairar acima das paixões. Nada de conservadorismo. Seria um gerente-redator romântico. O jornal que ele dirigia seguiria ao sabor de sua vontade. Comoveria o povo com artigos magníficos, alargaria os horizontes dos leitores, difundiria a Verdade, lutaria com honestidade e espírito revolucionário contra os poderosos, contra as maracutaias.

Aí veio a realidade. Sua primeira providência não foi revolucionária, nem sequer honesta: apropriar-se das matérias pagas do *Correio Mercantil.*

Apelou para políticos amigos de seu pai, os liberais do Ceará, para que, em vez de mandarem para o *Correio Mercantil* a propaganda paga do governo da província, as enviassem para o *Diário*, agora sob direção de um conterrâneo.

Deu certo.

Continuou. Apelou para o senador Eusébio de Queirós, chefe do Partido Conservador. Conseguiu dele o contrato da publicação dos Anais do Senado, que saíam no *Correio Mercantil*, e que o senador convencesse os amigos influentes a comprar assinaturas do jornal. Que o dinheiro viesse de um líder conservador como o senador Queirós ou dos liberais do Ceará, não importava. Precisava manter seu jornal vivo.

14
capítulo

Alencar criava artigos, revisava ou reescrevia todas as seções, a tudo impondo sua personalidade. Queria fazer o jornal vibrar com um novo e impetuoso estilo.

Escrevia sobre política, economia, administração, jurisprudência, comércio, moda, arte, religião, História. Redigia tudo de improviso, sem tempo para pesquisa, e exercia muitas outras tarefas, desde compra de papel e consertos no banheiro até assinaturas de contratos e campanhas de subscrição.

Muitas vezes, depois de todo um dia batendo perna na rua atrás dos favores de um deputado ou senador, ou convencendo um gordo comerciante português a colocar um anúncio pago, chegava à redação, "pegava da pena" e lançava no papel oito, nove, dez artigos sobre assuntos diferentes. Todos perfeitos na forma e profundos no conteúdo.

Tinha 26 anos e seu espírito borbulhava. Assumia toda a responsabilidade e mostrava força, disposição e uma fecundidade fora do comum. Os conhecimentos acumulados pelo estudo constante e metódico agora lhe davam o poder de escrever a respeito de qualquer coisa, com uma capacidade de captar ideias que aos outros parecia mediúnica.

Muitas vezes, pouco antes de mandar imprimir o jornal, descobria faltar originais para fechar uma página e, então, às pressas, no meio da balbúrdia da redação, ia redigindo tiras novas, rápido, sem emendas, e as entregava a tempo, com toda a simplicidade.

Inventava assuntos com naturalidade assustadora, inspirados, a pena correndo com agilidade sobre o papel, as ideias brotando como água da fonte, e no final nem os corrigia. Os artigos pareciam já estar feitos, como se alguém os ditasse para ele.

Foi para melhor dar conta desse esforço sobre-humano de reerguer o *Diário do Vintém* que resolveu deixar a chácara do pai na rua Maruí, 7, em São Cristóvão, e mudar-se para o sobrado da Praça da Constituição, 73, de onde podia ir a pé até a redação.

O sobrado que no ano seguinte o maldito galego resolveu reformar com o inquilino dentro.

Só visitava a família aos domingos, quando aproveitava para comer bem e descansar na rede à sombra de um cajueiro, renovando as energias para enfrentar mais uma semana de preocupações e trabalhos insanos.

O *Diário do Rio de Janeiro* voltou a respirar. Não regularmente. O alento vinha em golfadas, com os truques de Alencar.

Por exemplo: ao saber que o famoso poeta francês Lamartine estava na miséria, em Paris, e sobrevivia às custas da publicação do *Curso familiar de literatura*, Alencar promoveu uma campanha para angariar subscrições a fim de poder traduzir e publicar o tal curso no *Diário*.

Tinha tudo para dar errado. Quem por aqui se importava com literatura e com a sorte de um poeta do outro lado do oceano? Alencar, porém, ia publicando no *Diário* uma lista com os nomes que aderiam à "causa meritória". Quem não ajudava se sentia constrangido e assinava uma subscrição, e elas foram crescendo como uma bola de neve.

O próprio Lamartine escreveu uma carta agradecendo. Alencar a publicou com grande destaque! As subscrições chegaram a mais de 3 mil. Até o imperador dom Pedro II foi coagido a assinar.

Esses expedientes, no entanto, não eram suficientes para estabilizar as finanças. Mesmo agora que custava 160 réis o jornal continuava com uma assinatura muito barata, 4 mil réis por trimestre, que, além do mais, podia ser interrompida. Assinaturas de seis meses, por 8 mil réis, ou de um ano, por 16 mil réis, eram raras. O diretor do jornal precisava sempre inventar novos atrativos.

Como a polêmica com o imperador.

As cartas de Ig criticando o livro de Gonçalves de Magalhães foram mesmo uma boa ideia. Serviram para vender jornal durante alguns meses, mas depois tudo voltou à estaca zero.

Estaca zero.

O escravizado na calçada batendo no tronco com o enxó, todos os dias, o dia inteiro, estacas, vigas, o barulho do pilão amassando barro, as carroças de barro chegando sem parar.

— Para que tanto barro? — Alencar perguntou ao mestre de cantaria.

— Começam a erguer as novas divisórias de pau a pique.

O enxó desbastava as estacas brutas, arrancava nós, alisava.

Estaca zero.

O que Alencar inventaria? Qual seria o próximo truque?

Dezembro. 1856 estava terminando e as festas de final de ano se aproximavam.

Natal.

O *Diário* podia dar um presente aos leitores.

Ideia besta. Todos os comerciantes do mundo ocidental estavam pensando a mesma coisa: tirar proveito do Natal para aumentar as vendas.

Como pensar com um barulho daqueles?

A velha cozinheira, Ângela, chegou trazendo o almoço. Alencar não tinha tempo de ir a um restaurante e comia ali mesmo no sobrado, na mesma mesa em que escrevia, uma tábua de cedro sobre cavaletes.

Numa construção, estaca zero era o momento em que nada ainda tinha sido feito, não havia nem uma estaca, um só esteio fincado na terra. Ele já fizera tanto pelo *Diário*. Mas tudo sempre voltava à estaca zero. Fazia um truque, as vendas do jornal cresciam, cresciam, paravam, tornavam a cair. Outro truque, mais dois ou três meses de fôlego. Estaca zero.

Não era só o *Diário* que estava doente. Precisava tomar cuidado. Era tuberculoso. Não queria nem pensar nisso. Uma crise naquele momento e tudo estaria perdido, com certeza sucumbiria, junto com seu jornal e todo o seu destino.

A mãe sempre o advertindo de que deveria comer bem e se agasalhar. Todo domingo a mesma coisa, e todo domingo ele mentia, garantindo que dormia bem e comia melhor ainda. Se ela soubesse como ele custava a pegar no sono, com as preocupações o consumindo.

Os trabalhadores começavam o quebra-quebra assim que as galinhas despertavam. E a algaravia. Que tanto falavam, riam, xingavam e gritavam lá embaixo?

A comida da Ângela. Ensopado frio e ralo de batata, galinha e couve. Por sorte nem sentia o gosto, comia às pressas para voltar à redação. Terminar um artigo sobre a dissolução da Assembleia Constituinte de 1823 e colocar a culpa na tirania de dom Pedro I. Polemizar com dom Pedro II e ainda falar mal do pai dele. O que ele queria? Terminar seus dias morrendo de cólera em Angola ou pendurado pelo pescoço por ali mesmo? Uma abelha que mal tinha forças para fazer mel não podia picar.

A maldita carroça cheia de barro atravessou a Praça da Constituição rangendo tanto que Alencar foi à janela, disposto a xingar alguém, gritar que naquele sobrado havia um infeliz que precisava pensar. Pensar!

O barulho da obra no andar de baixo era tanto que nem um cantor de ópera teria se feito escutar.

Tornou a fechar a janela e terminou o almoço. Jogou-se na cama para uns dez minutos de repouso, olhando para o teto. Devia pensar na situação do jornal, mas foi numa mulher que pensou.

No dia anterior, 14 de dezembro, pela manhã, como todo domingo, pegara o ônibus puxado por mulas para visitar a família em

São Cristóvão. Muito cedo. No banco de trás havia uma mulher. Ela usava um vestido de seda e renda. Sentou-se ao lado dela.

Aquele era o ônibus das sete. Geralmente ele pegava o das seis, mas se atrasara; chegara no ponto às seis e cinco e o ônibus já havia partido. Aquela mulher tinha alguma coisa a ver com o seu destino.

Ele era um sujeito extremamente pontual. Cinco minutos de atraso. Se não fosse por aqueles cinco minutos, nunca a teria conhecido. Misteriosa, o rosto coberto por um véu que caía de seu chapeuzinho de palha. Nem pôde ver seu rosto. Feia ou bonita? Não teve coragem de puxar conversa. Imaginou que a tocava. Fantasiou até que a beijava na boca. Mas foi obrigado a descer e acabou parado na calçada da rua Maruí vendo o ônibus se afastar.

Fumando e olhando para o teto, deitado em sua cama, de barriga cheia, a imagem da mulher veio com força. Precisava se concentrar nos problemas do jornal. Sedas e rendas. Aproveitar o Natal. O que fazer para agradar os leitores naquela data? Puxava assunto, ela sorria, apertavam as mãos. Um presente. Óbvio. Qual? Ou ficavam calados, sim, melhor ficarem calados. Ele roçava a perna na dela, ela permitia. Um brinde. Não podia vender um presente. Sem dizer uma palavra, antes de descer do ônibus, ela se descobria, afastava as nuvens de seda e renda, levantava o véu e lhe oferecia seus lábios vermelhos. Um brinde de Natal. Mas não para quem só comprasse um exemplar, aí não compensaria. Um brinde de Natal só para quem comprasse uma assinatura. Bravo! Um beijo ardente. Na boca. Um sussurro no ouvido. Um romance. Um folhetim. Claro! Uma história de amor. Mas folhetim não era presente; era só rodapé. Um livro seria um presente. Um rodapé diário. Dez capítulos. Fecharia a história no dia de Natal. Em seguida, sairia o livro. Antes do Ano-Novo. Todos os capítulos juntos, numa brochura, como brinde de Natal para quem fizesse assinatura. Tinha de começar a escrever hoje, segunda, para o primeiro capítulo sair amanhã, terça, dia 16. Bravíssimo! Seda e renda. Um beijo? Uma despedida? Uma frase? Um novo encontro?

15
capítulo

Pulou da cama, calçou-se às pressas. Vestiu a camisa, o colete e o casaco. Amarrou a gravata, pegou o chapéu e a bengala pendurados no cabide. Desceu a escada saltando os degraus e literalmente correu até a redação do *Diário*.

Terminou a toque de caixa o artigo sobre a Constituinte de 1823, deu algumas ordens aos empregados, certificou-se de que as tiras eram suficientes para encher as páginas. Mas avisou ao paginador para deixar espaço para o rodapé, porque, ao final da tarde, traria duas ou três páginas de texto.

Correu de volta ao sobrado, subiu as escadas. Pendurou a bengala, o chapéu e o casaco, arrancou a gravata como se fosse uma cobra a lhe morder o pescoço. Sentou-se à sua bancada de cedro, colocou a pilha de papel na posição, abriu o tinteiro, mergulhou a pena, deu um suspiro profundo e começou um folhetim.

Uma história de amor.

Truques tinham vida curta. Acompanhar folhetins mantinha o leitor fiel, comprando jornal por meses, fazendo assinaturas para não correr o risco de perder um capítulo. Folhetins garantiam vendas continuadas, mas os que o *Diário* publicava não agradavam.

Precisava de uma trama envolvente, num estilo moderno, inovador, romântico! Dez capítulos. Ele mesmo escreveria. Sob medida. Romance urbano. Para as mulheres. Os homens ficavam muito ocupados na época do Natal. Qual seria o título?

Aquilo era loucura, começar um folhetim sem preparação, sem pesquisa. Ia criá-lo à medida que escrevesse?

A imagem: a mulher misteriosa envolta em seda e renda que entrou em sua vida por um atraso de cinco minutos.

A pena deslizou sobre a folha branca.

> *É uma história curiosa a que lhe vou contar, minha prima. Mas é uma história, e não um romance. Há mais de dois anos, seriam seis da tarde, dirigi-me ao Rocio para tomar um ônibus para o Andaraí. Sabe que sou o homem menos pontual que há neste mundo [...] Entusiasta da liberdade, não posso admitir de modo algum que um homem se escravize ao seu relógio...*

Quantas mentiras podiam caber em cinco frases? Era um romance, e não uma história. Acontecera no dia anterior, e não há dois anos. Foi de manhã cedo, e não à tarde. O ônibus ia para São Cristóvão, e não para o Andaraí. Ele era extremamente pontual, um escravo do relógio. Entusiasta da liberdade? E que *prima* era aquela? De onde ela havia saído?

Romantismo era assim mesmo. Espontaneidade. Emoção. Perda de controle. Fantasia. Mas não assinaria. Não queria que o identificassem.

Continuou a escrever.

Precisaria continuar galopando pelo mundo da fantasia porque a realidade não teve a menor graça. Ele nem sequer falou com a mulher de véu. Não a viu mais. Tinha de passar para o lado da imaginação. Seguiu em frente. A mão parecia ter vida própria.

> *Senti no meu braço o contato suave de um outro braço [...]. atração irresistível [...]: a pressão tornou-se mais forte; senti o seu ombro tocar de leve o meu peito; e a minha mão impaciente encontrou uma mãozinha delicada e mimosa, que se deixou apertar [...]. [...] contato voluptuoso [...], sem saber o que fazia, inclinei a cabeça e colei meus lábios ardentes nesse ombro, que estremecia de emoção.*

Ousado demais? Não, aquela podia ser a fantasia de muitas moças. Agora não andavam de ônibus sozinhas? Apertar a mão de um desconhecido. Um beijo no ombro. Onde a imaginação delas poderia se tornar real a não ser num folhetim? Por isso liam folhetins. Ou será que aquela era a fantasia *dele*? Sua mãe tinha razão? Precisava se casar?

Continuou, ou melhor, recuou; não podia avançar e passar daquele beijo, claro. A moça grita de susto. O rapaz pede perdão, diz que vai descer, não desce, os dois voltam a dar as mãos. Sim, a mão podia. O rapaz se perde em pensamentos e, de repente, o ônibus para, a dama misteriosa se levanta e... e... E o quê? O que acontece? Era preciso encerrar o capítulo deixando um mistério para o dia seguinte. Ela murmura em seu ouvido:

— *Non ti scordar di me!...*

De onde tirou essa frase? E em italiano?

Era um fragmento da ópera *O Trovador*, de Verdi, à qual Alencar assistira meses antes. "Não se esqueça de mim", em italiano, ficava mais sedutor e misterioso. Depois, quem sabe, poderia enfiar a ópera de Verdi na trama. Agora precisava acabar o capítulo. O rapaz desce do ônibus, tenta ir atrás da dama, mas ela desaparece na noite escura.

Pronto. O leitor ia querer saber se o rapaz tornaria a encontrar a dama. Óbvio que sim, mas *como*? Só lendo os próximos capítulos.

Precisava criar um grande obstáculo para o amor dos dois. Amores felizes não tinham graça. Não serviam nem para fofoca de comadre, quanto mais para vender jornal. Qual seria o grande empecilho?

Famílias que se odiavam, como em Romeu e Julieta? Não. Tema muito explorado. Ela era casada? De jeito nenhum, seria indecoroso uma mulher casada dar a mão para um desconhecido no banco de trás de um ônibus e se deixar beijar no ombro sem fazer um escândalo e chamar a polícia. As leitoras não se identificariam. Seria uma vilã, e não uma heroína. Maridos e pais proibiriam a leitura.

E se ele, o rapaz, fosse um libertino mulherengo? Não, Joaquim Manuel de Macedo já usara esse tipo em *A moreninha*.

Começou a tossir. Não conseguia parar. Escancarou a janela para respirar. A obra no térreo enchia o ar de poeira fina. A tosse se tornou convulsiva. Fechou a janela e se jogou na cama, tentando acalmar-se.

Aqueles acessos sempre o deixavam apavorado.

O grande empecilho para o amor dos dois.

A moça era tuberculosa!

Em fase terminal. Só viveria mais alguns meses. Um empecilho bem grande. O maior de todos. A morte. A morte da heroína. Bravo! Ninguém ia parar de ler. Seria muita covardia e maldade abandonar uma moça assim, apaixonada, mas condenada à morte pela tuberculose.

Fechou o tinteiro, juntou as folhas escritas. Recolocou a gravata, pegou a bengala e o chapéu. Saiu batendo a porta, desceu pulando os degraus. Correu até a redação ainda a tempo de imprimir o primeiro capítulo.

O paginador perguntou qual era o título do folhetim. Alencar não pensara nisso! Nem tinha tempo para pensar agora; não podia atrasar a publicação do jornal. Se não tivesse se atrasado para pegar o ônibus das 6 horas para São Cristóvão nada daquilo...

— Cinco minutos! — disse ao paginador.

— Tudo bem, senhor. Posso esperar mais uma hora. Enquanto isso o tipógrafo vai adiantando o...

— Não. *Cinco minutos* é o título!

16
capítulo

Seu primeiro folhetim.

O primeiro capítulo de seu primeiro romance publicado.

Não voltou para o sobrado. Ficou batendo perna pelas ruas do centro. As livrarias ainda estavam abertas e cheias. Chegou a entrar na Laemmert, mas avistou ao fundo Bernardo Guimarães falando alto e gesticulando muito, visivelmente bêbado. Saiu rápido.

Atravessou a rua para não cruzar com uma dupla que chamava a atenção a distância: Araújo Porto-Alegre e Gonçalves Dias. O primeiro era falante, extrovertido, jovial, enorme, pesadão e tinha o apelido de Urso; o segundo era melancólico, calado, muito pequeno e magro.

Admirava muito Gonçalves Dias, invejava a glória que o poeta maranhense conquistara com seus poemas indianistas, mas depois da polêmica sobre *A confederação dos tamoios* evitava o brutamontes Porto-Alegre, "o amigo do poeta" Gonçalves de Magalhães.

Dobrou uma esquina e se deparou com Teixeira e Sousa. Desse não escapou. Vinha de uma reunião da Sociedade Petalógica, na livraria de Paula Brito.

Inferno. Todas as vezes que Alencar o encontrava, Teixeira e Sousa tentava convencê-lo a frequentar a tal sociedade. Tinha mais o que fazer. Era um trabalhador braçal, um estivador das letras, e precisava reerguer um jornal.

A Sociedade Petalógica era pura perda de tempo. Alguns intelectuais se reuniam na livraria da Praça da Constituição para falar petas, mentir de brincadeira. Um poeta afirmava que os negros haviam decidido não praticar mais a capoeira. Um romancista anunciava que dom Pedro II devolveria o dinheiro que seu avô dom João VI roubara dos cofres públicos quando voltou a Portugal. Thomas Cochrane decidira distribuir todos os seus bens aos pobres. O ministro tal estava saindo com uma dançarina do Teatro Ginásio. Coisas assim. Criavam os boatos, e as intrigas se espalhavam rapidamente por toda a Corte.

Teixeira e Sousa se empenhava em conseguir cada vez mais intelectuais para a Sociedade Petalógica, porque ela ajudava seus membros em situação difícil e ele estava sempre precisando de dinheiro, à beira da miséria, tendo de sustentar uma porção de filhos.

Alencar tinha uma certa implicância com ele. *O filho do pescador* deu a Teixeira e Sousa a glória de haver escrito o primeiro romance romântico brasileiro. E, naquela noite, não queria falar de nenhuma maldita sociedade literária. Só pensava em seu folhetim, numa mistura de euforia ("Agora vocês vão ver!") e pânico ("Onde foi que me meti?!").

Escutou Teixeira e Sousa com impaciência. Jurou que compareceria à próxima reunião petalógica. Sim, não tinha desculpa, era quase ao lado de seu sobrado. Não, infelizmente estava sem dinheiro, o jornal ia muito mal das pernas. Livrou-se dele entrando pela rua da Quitanda.

Deu de cara com Casimiro de Abreu e foi obrigado a ouvir mais um poema sobre suas orgias com as "messalinas impuras".

Casimiro era um frequentador assíduo de bordéis. Chegara a pagar 5 mil réis por uma "atriz" francesa, mas, na maioria das vezes, se deitava mesmo era com as portuguesas dos Açores ou escravas da rua da Conceição. Porém, em seus poemas, as orgias eram suntuosas, em cenários de mil e uma noites, e a "atuação" de Casimiro era sempre bastante "exagerada".

Alencar até apreciava aqueles versos cheios de sensualidade, mas, naquela noite, Casimiro de Abreu o irritou.

Será possível que ele, Alencar, era o único escritor que não perdia tempo? Achavam-se todos imortais para gastar as tardes falando bobagens numa roda de amigos e as noites trocando pernas em camas de prostíbulos? Só ele tinha aquela mania do trabalho duro, da ambição do projeto literário, da busca do conhecimento e da concentração total na realização da grande obra nacional?

Ora, era segunda-feira, o dia universal do sujeito começar uma semana de trabalho! Até para Deus!

Custou a se livrar de Casimiro de Abreu. Teve de ouvir três sonetos e recusar com firmeza o convite para tomar alguma coisa numa taverna da rua da Vala. Não, não iria com ele esperar a saída do teatro e arrastar uma corista ao hotel Ravot, na rua do Ouvidor. De jeito nenhum.

Atravessou a rua e dobrou rápido numa esquina da rua da Quitanda, dessa vez para evitar Machado de Assis. Aquele rapazinho de 17 anos, aprendiz de tipógrafo na Imprensa Régia, era muito talentoso, esforçado e espirituoso, mas andava cavando emprego de revisor no *Diário do Rio de Janeiro* e Alencar não podia contratar ninguém. O mais sensato era começar a demitir.

Decidiu voltar para o sobrado. Melhor enfrentar ansiedade e insônia do que literatos. E, se começasse a conversar, acabaria dando com a língua nos dentes. Não queria contar a ninguém sobre seu folhetim. Não sairia assinado. Queria sentir a reação espontânea dos leitores, e não o destrato dos inimigos ou a bajulação dos amigos.

Atravessou a Praça da Constituição sentindo-se o homem mais solitário do mundo. Subiu as escadas empoeiradas, acendeu a vela, despiu-se, ficou só de ceroulas e se deitou.

Não conseguiu dormir, claro.

Levantou-se para escrever os capítulos seguintes de *Cinco minutos.*

17
capítulo

Terça, 16 de dezembro de 1856. Foi acordado pela mistura de canto de galo e pilão amolecendo barro. A obra começava cedo. Lavou-se na bacia, vestiu-se às pressas e correu aflito até o café do Braguinha, ali ao lado.

O nome do restaurante era À fama do café com leite — sem usura e sem mistura. Braguinha queria deixar claro que ali os preços eram justos e não se colocava água no leite. Alencar levou seu café e seu pão torrado para a mesa dos fundos, como fazia toda manhã.

O primeiro que avistou lendo o *Diário do Rio de Janeiro* foi Machado de Assis, apoiado no balcão. E, pela posição inclinada da cabeça, o jovem tipógrafo lia o rodapé!

Algumas mesas à frente, uma atriz muito bonita, depois de passar as folhas com uma desatenção sonâmbula, fixou o olhar de ressaca no rodapé do *Diário*.

O coração de Alencar pulava dentro do peito, de excitação e nervosismo. Aquilo que ele escrevera ontem, na solidão de seu quarto de sobrado, estava sendo lido agora, entrando em outras mentes. Terminou o café às pressas e fugiu por uma porta lateral, antes que alguém viesse perguntar ao gerente-redator do *Diário* quem era o autor daquele *Cinco minutos*.

Esgueirou-se pelas ruas até a redação, entrou dando ordens, esbravejando, sem deixar ninguém falar, e se trancou em sua sala exigindo que o deixassem em paz para escrever uma longa matéria sobre a epidemia de cólera-morbo do ano passado.

Que se danasse o cólera-morbo! Levou as mãos à cabeça assim que se viu sozinho, apavorado e com ânsias de vômito. Àquela altura, o primeiro capítulo de seu folhetim estava sendo avaliado por centenas de pessoas, espalhadas por todos os cantos da cidade.

Cinco minutos?! Que porcaria de título era aquele? Como pôde dar à luz uma criação sem ter a menor ideia de como terminá-la? A história de um *atraso*? Todos na cidade iam rir daquele rodapé idiota. Já imaginava as pilhérias da Sociedade Petalógica:

— Cinco minutos é o tempo que se leva para concluir que o autor é uma besta!

— Ah, nem precisa tanto.

— Só se o leitor for tão estúpido quanto o autor.

— Dizem que o autor é o próprio redator do jornal.

— Será o primeiro caso de um redator ser obrigado a demitir a si mesmo.

A que ponto o desespero financeiro o levara. Escárnio público. Chacota. O riso de seus inimigos. O silêncio constrangido de seus amigos. O desgosto do pai. A compaixão da mãe. O mais efêmero escritor de todos os tempos. O fracasso definitivo de uma obra de apenas um capítulo.

— *Cinco minutos* é um título honesto. É quanto vai durar a carreira literária de Alencar.

Brinde de Natal? Num impulso estúpido jogou fora toda uma vida de leitura e preparação. Jurara a si mesmo respeitar a literatura como uma religião e, na primeira oportunidade, para ganhar uns trocados, a profanou da maneira mais vil. E para vender exemplares do *Diário da Manteiga*!

— Se ele tivesse pensado mais cinco minutos não tinha escrito essa baboseira.

Teixeira e Sousa e seus amigos teriam motivos para se divertir a tarde toda.

— A grande proeza do herói foi perder o ônibus para o Andaraí.

— Teve mais sorte que o leitor, que perdeu seu tempo.

Podia se matar. Antes de ouvir qualquer coisa sobre o assunto, podia se matar.

— Mais um jovem romântico se suicidando não causa espanto.

— Só que geralmente eles se matam depois de escrever uma obra-prima.

— Esse fez isso depois de escrever um primeiro e único capítulo.

— E último, felizmente.

— Pelo menos matando-se nos poupará de outras obras.

— E será esquecido mais rapidamente.

Um dos jornalistas do *Diário*, Sousa Ferreira, entrou sem bater, esbaforido.

— O que é, Sousa? Já disse que não quero ser incomodado. O cólera-morbo...

— Esqueça a peste antiga, Alencar! Temos uma nova epidemia!

— Qual?

— Chama-se *Cinco minutos*!

Pronto, começariam as chacotas! Ele não permitiria. Era só mandar o Sousa se retirar, fechar a porta e se matar. Como? Não havia uma arma ali. Enforcado. O cinto, a viga do teto...

— Está contagiando todo mundo! — o jornalista continuou, eufórico. — Cheguei agora de um giro pelas ruas. É um sucesso o nosso rodapé.

— Do que você está falando, homem?

— Um sucesso o nosso *Cinco minutos,* Alencar! Todos estão comentando a novidade. Já chegaram seis pedidos de assinatura só por causa dele. Uma assinante explicou que mora em Petrópolis e, assim, não correrá o risco de perder um capítulo.

— É claro que é um sucesso, Sousa. Se eu não acreditasse nisso não o publicaria. E vamos avisar aos leitores que os capítulos serão reunidos em um pequeno romance, que sairá em brochura simples, mas só para quem comprar assinatura. É o nosso brinde de Natal! E lembre a todos aqui da redação para não comentar com ninguém que o autor sou eu!

— Pode deixar.

Quando tornou a ficar sozinho, o chão virou areia movediça e ele afundou, com escrivaninha e tudo.

18
capítulo

Sucesso!

Os capítulos iam saindo.

Mais sucesso.

O *Diário do Rio de Janeiro* desaparecia nos pontos de venda e nas mãos dos meninos jornaleiros.

A estratégia de publicar um capítulo diário, com o desfecho da trama no dia 25, mostrou-se perfeita. Nos dias que antecediam o Natal, as famílias estavam unidas, o folhetim era lido em voz alta para muito mais gente, de uma só vez. A data inspirava sentimentos bons. Todos se emocionavam com o sofrimento de Carlota, a heroína tuberculosa. Não podiam abandoná-la. Deixar de ler o folhetim seria entregá-la à própria sorte, desampará-la.

As vendas avulsas cresciam à medida que se desenvolvia a trágica história de amor entre Carlota e o rapaz, que não teria nome. As assinaturas também aumentavam: todos queriam garantir o brinde. A prometida brochura tornou-se um presente cobiçado. Pais queriam dar às filhas e às mulheres. Elas pediam.

Leitores que tinham cancelado suas assinaturas havia tempos corriam para renová-las.

A procura foi tanta que a brochura, a ser publicada na segunda-feira, dia 29, reunindo todos os capítulos do folhetim, destinada exclusivamente à distribuição gratuita entre os assinantes do jornal, diante do êxito surpreendente e crescente passou de brinde a suplemento.

Podendo ser vendido separadamente, como definiu o próprio Alencar para o pessoal do *Diário,* dando ordens ao tipógrafo para já ir montando as páginas à medida que o rodapé aparecesse, para que o livro saísse junto com o último capítulo do folhetim.

Um triunfo daqueles não era pouca coisa.

Havia dois anos o *Correio Mercantil* tentou a mesma estratégia comercial e deu com os burros n'água. Depois do sucesso de *Memórias de um sargento de milícias* em folhetim, resolveram editá-lo, em dois volumes, em regime de subscrição. Poucos leitores assinaram. Alguns, que já eram assinantes, nem pegaram seus exemplares. Quase toda a edição ficou à venda no balcão da tipografia do jornal, encalhada.

Publicar em livro um folhetim de sucesso não era novidade; ao contrário, chegava a ser uma consequência comum do próprio êxito. Atendia a uma necessidade prática dos leitores. Eles costumavam recortar os rodapés de que gostavam e, no final, costuravam todos juntos, formando uma brochura primitiva e desconjuntada.

Quantos romances feitos de rodapés costurados Alencar havia lido em seus tempos de faculdade de Direito. Porém, tinham vida curta. Passavam de mão em mão entre os estudantes, em meio à desordem e desregramentos, terminando estropiados, rabiscados, rasgados, com páginas faltando e alimentando alguma lareira ou fogão a lenha.

Os donos de jornal viam nisso uma demanda e tratavam de supri-la, editando o folhetim em livro, mas muitas vezes se espantavam com o fracasso das vendas.

Alencar estudara o assunto e concluíra que o sucesso de uma empreitada dessas dependia da emoção do momento. O livro precisava sair imediatamente após a publicação do último capítulo do folhetim, porque era o que o leitor queria. Se o tempo passava, outro folhetim surgiria e o anterior seria esquecido. Deixar passar um ano para editar o livro de Manuel Antônio de Almeida havia sido uma grande bobagem do *Correio Mercantil.*

Outra boa estratégia era anunciar, desde o primeiro capítulo, que o livro sairia logo que o folhetim terminasse. Dessa forma, o leitor não ficava juntando rodapés para, no fim, achar que não precisava do livro.

A grande vantagem de ser gerente-redator de um jornal era poder *mandar*. Para conseguir colocar suas ideias em prática, o sujeito precisava mandar. Alencar estava finalmente fazendo isso. *Cinco minutos* sairia em livro poucos dias depois que a história terminasse e, pelo visto, tudo daria certo.

O único problema é que faltava escrevê-lo.

19
capítulo

Escrever um folhetim diário bem na semana do Natal! Como assumir uma responsabilidade dessas em meio a tantos compromissos de final de ano? Jantares de confraternização, visitas, parentes que chegavam do Ceará querendo atenção, fornecedores do jornal precisando acertar contas, anunciantes necessitando conversar pessoalmente, comprar presentes para a família, não esquecer ninguém, e as missas, os amigos, as festas, os saraus... Todos pareciam mancomunados para impedi-lo de escrever o maldito romance!

Só lhe restavam pedaços de tarde ou de alta madrugada, e os capítulos lhe saíam como se espremesse o carnegão de um furúnculo. Mas tinham de sair. Os leitores estavam lá, sentadinhos em suas casas, esperando.

Não devia cair na farra. Chegou ao sobrado cansado depois de uma noite em meio à fauna noturna do café do Braguinha, com João Caetano e sua trupe de teatro fazendo uma ruidosa confraternização de Natal.

Já passava da meia-noite quando Alencar molhou a pena no tinteiro e se dispôs a escrever o sexto capítulo.

Todos já sabiam que era ele o autor de *Cinco minutos*. Começou a receber cumprimentos efusivos na rua. Na livraria de Paula Brito, foi saudado com entusiasmo por outros escritores, jornalistas e pelo próprio livreiro, que encomendou exemplares da futura brochura assim que saísse da tipografia na segunda-feira.

No café do Braguinha, uma senhora, com os olhos cheios de água, pediu-lhe que não deixasse Carlota morrer.

A reação ao folhetim provava que a fantasia era tão real quanto a realidade. Se as pessoas falavam sobre Carlota como se ela existisse, então ela existia! A substância da realidade era mental. Sem a mente, nada existia. O mundo era uma construção subjetiva. As coisas não precisavam ter substância material para nos causar sentimentos e pensamentos. O que mais nos emocionava não eram abstrações como amor, alegria e saudade? A consciência estava em todos os lugares em que a colocávamos.

Uma casa imaginada era como uma casa real. Não se podia morar dentro fisicamente, mas isso era só um problema prático. Havia uma infinidade de outras coisas que se podia fazer com uma casa imaginada. Toda casa real não foi antes uma casa imaginada? Não foi Platão quem afirmou que as ideias abstratas, por serem atemporais e imutáveis, como a bondade e a beleza, eram mais reais que o mundo dos objetos que os nossos sentidos percebiam?

Uma personagem de romance podia existir ainda mais do que alguém de carne e osso. Quanta gente agora conhecia Carlota, sofria e rezava por ela, mas ignorava a existência de milhares de outras moças tuberculosas na própria cidade?

Se o sujeito só podia apreender a realidade por meio da consciência, então a realidade só existia *dentro* da consciência; daí tudo que estivesse dentro da consciência era realidade. Quando Carlota e o rapaz sem nome entraram nas consciências por intermédio de um rodapé de jornal, passaram a fazer parte da realidade. E ele, José de Alencar, um escritor, detinha o poder de enfiar coisas que não tinham existência física dentro da consciência dos outros, criando, com simples palavras, que não passavam de tracinhos de tinta preta sobre papel, mundos e vidas infinitos. Ele era um Deus.

Um Deus com um prazo.

Tinha de trabalhar.

A Glória, mesmo para um Deus, só acontecia depois da Criação.

Não podia perder tempo filosofando flanando pelas ruas do centro, levando sua vaidade para passear, entrando e saindo de livrarias, procurando o contato direto com o sucesso, o corpo a corpo com o elogio.

Escrever o folhetim em sua sala na redação do jornal era impossível, pois lá não o deixavam em paz nem por cinco minutos. Até quando um tinteiro se esvaziava era ele quem tinha de autorizar que o enchessem. Essa centralização obsessiva foi o meio que encontrou de controlar os gastos, mas, quando precisava concentração para escrever, era obrigado a correr para o sobrado.

Porém, o sobrado era um canteiro de obras, permanentemente envolto em uma nuvem de poeira e uma barulheira infernal.

Precisava trabalhar! Escrever ao menos o sexto capítulo aquela noite. Mesmo cansado.

Acordou com uma dor de cabeça cruel. Tomou uma decisão.

Seriam dez capítulos, faltavam quatro. Ia terminá-los de uma só vez.

Começou depois do almoço. Fechou a janela e a porta, tapou as frestas com panos, como quem planeja suicidar-se com fumaça venenosa, acendeu a vela sobre a bancada de cedro, encheu o tinteiro até a borda, ficou só de ceroulas e camiseta para enfrentar o calor e passou para o mundo da fantasia.

20
capítulo

Carlota sobreviveu. Foi salva pelo amor.

O final feliz, como todo mundo deseja, desde que inventaram as histórias.

Terminara o décimo e último capítulo. O rapaz despedia-se da prima (todo o folhetim tinha sido uma carta dele para ela), lembrando que sua felicidade aconteceu porque se atrasou cinco minutos. *Isso prova que a pontualidade é uma excelente virtude para uma máquina; mas um grave defeito para um homem.*

Não acreditava naquilo, mas ficou bom. Pousou a pena, esticou os braços, levantou e foi abrir a janela, com os olhos cheios de água.

Anoitecera. Relâmpagos criavam rápidas e intermitentes imagens da Praça da Constituição, que se fixavam em sua mente como daguerreótipos.

Sentia-se tranquilo e aliviado.

A tempestade desabou, lavando a realidade, a sua alma e a poeira da obra. Encheu os pulmões de ar puro e acreditou que o amor era mesmo capaz de curar a tuberculose.

— O que você está dizendo? Que o amor é capaz de curar a tuberculose? Eu sei que você é um romântico, mas não precisa exagerar.

O jornalista Sousa Ferreira estava sentado na cadeira em frente à escrivaninha de José de Alencar, na redação do *Diário*, e acabara de ler os últimos capítulos do folhetim, antes de serem enviados à tipografia.

— O amor é a panaceia universal dos alquimistas. — Alencar sorriu. — É o remédio que cura todos os males. Cura até um jornal moribundo.

— O mais provável é que ela transmita a doença ao rapaz. Esse final afronta a medicina! A tuberculose não tem cura, ainda mais quando chega ao estágio em que Carlota...

— Você quer que eu mate a heroína?

— Seria mais verossímil.

— Não posso. Prometi a uma velha, lá no café do Braguinha.

— Estou falando sério.

— Não mato Carlota de jeito nenhum.

— Os médicos vão...

— Ora, que se danem os médicos! O que eles entendem de fantasia? Se dependesse dos médicos, a Bela Adormecida não acordava mais, seria desenganada! Mas o príncipe foi lá, tascou-lhe um bom beijo na boca e resolveu o problema.

— Então esse folhetim é um conto de fadas?

— Pode ser. E eu sou um Charles Perrault tupiniquim. Ora, Sousa, eu até faço concessões à ciência médica, não faço? Minha heroína não sucumbe ao feitiço de uma bruxa, mas ao germe da tuberculose. É uma heroína romântica, com uma doença civilizada. Mas ressuscita por causa de um beijo na boca, disso não abro mão! É meu conto de fadas. A Bela Tuberculosa. A função do escritor é dar asas à fantasia. Não vou deixar ninguém cortar minhas asas só por causa de um diploma de Medicina.

— Curar um feitiço com um beijo é resolver uma fantasia com outra, Alencar. Mas a tuberculose é real, e a realidade não se cura com fantasia.

— Como não? Meu folhetim não está sanando as finanças deste jornal?

— Você sabe do que estou falando. Só não quer dar o braço a torcer. O final não é verossímil.

— Que se dane a verossimilhança!

— Não é assim que Ig pensa.

— Como é?

— Esqueceu o que você mesmo escreveu nas cartas contra *A confederação dos tamoios*? Criticou Gonçalves de Magalhães justamente por achar inverossímil o herói da epopeia dele fazer um tacape pesado voar e subir "ao sétimo céu".

— Eu sei, eu sei... Mas expliquei nas cartas minha ideia de verossimilhança, Sousa. Não foi a ascensão do tacape que me pareceu inverossímil, mas a falta de explicação no texto. Qualquer explicação! Podia ser um milagre provocado por uma entidade sobrenatural, um feitiço, ou até a descoberta de novas leis da Física. Tudo isso eu aceitaria e passaria a considerar uma coisa possível o fato de um tacape voar. Anchieta aparecer do nada diante da índia Iguaçu, como escrevi, também aconteceu *por uma inspiração cuja causa e cujo fim é um segredo que o senhor Magalhães não entendeu revelar aos leitores*, lembra?

— Mas...

— Espere, Sousa, deixe-me explicar. O que eu considero verossimilhante não é a normalidade, o dia a dia, a realidade, a verdade. Ora, meu amigo, é só o sujeito andar pelas ruas aqui do Rio de Janeiro para concluir que tudo é inverossímil! Nós, e tudo que nos acontece, tudo é inverossímil! O mundo é inverossímil! A vida é inverossímil porque não tem explicação! Por isso, verossímil para mim é tudo que pode ser explicado, mesmo que a explicação seja absurda ou fantástica. Entende? O segredo está na *explicação*, mesmo que essa explicação exija a ocorrência de acasos totalmente improváveis, de coincidências mirabolantes e de circunstâncias raríssimas. Pense bem, Sousa, o que seria da fantasia se o escritor respeitasse a verossimilhança do senso comum? O que mantém a atenção do leitor em permanente estado de interesse é justamente a surpresa! A quebra da tal verossimilhança é um dos maiores motivos de surpresa. E também a maneira como o autor vai resolver a situação. É o suspense. Para um escritor romântico, nada é impossível. No máximo, é quase-impossível. E, para tornar possível, basta *explicar*. Pelas barbaças do diabo, o que não pode é um maldito tacape de 10 quilos sair voando pelo céu, de repente, sem explicação nenhuma!

— Mas que explicação você dá para a cura de Carlota?

— Um beijo na boca!

— Espero que os leitores não levem isso ao pé da letra. A doença vai se alastrar. Os sanatórios virarão palco de orgias. Os médicos disputarão a tapas as tuberculosas bonitas.

— Não é o beijo em si, Sousa. É o amor, a paixão, a vontade de viver... E o que vai acontecer quando eles... Ora, Carlota é virgem! Que mulher virgem quer morrer depois de um beijo na boca, seu primeiro beijo na boca, dado pelo homem que ama, sem avançar um pouco mais? Ela quer viver mais! Para fazer mais... Você sabe do que estou falando! Ir além do beijo. Por que você acha que a Bela Adormecida acordou?

— Com toda sinceridade, Alencar, Carlota curar-se de uma tuberculose gravíssima com um simples beijo continua me parecendo um tacape voador.

Alencar olhou o amigo demoradamente e acabou fazendo uma das coisas que mais odiava: deu o braço a torcer.

Pediu as folhas de volta e fez sinal para que Sousa esperasse. Olhou para o teto por alguns minutos, suspirou, pegou a pena e escreveu um pequeno parágrafo no verso da penúltima folha:

> *Esse milagre, que ela, sorrindo e corando, atribuía ao meu amor, foi-nos um dia explicado bem prosaicamente por um médico alemão que nos fez uma longa dissertação a respeito da medicina. Segundo ele dizia, a viagem tinha sido o único remédio e o que nós tomávamos por um estado mortal não era senão a crise que se operava, crise perigosa, que podia matá-la, mas que felizmente a salvou.*

Virou a folha e, com um asterisco, assinalou o local onde o tipógrafo deveria inserir o novo parágrafo. Devolveu tudo a Sousa e resmungou:

— Pronto. Carlota curou-se com os ares da viagem à Itália. Ninguém vai se atrever a contestar um médico alemão! Sou obrigado a diminuir os poderes curativos do amor por causa da maldita verossimilhança. Mas é um parágrafo curto, ninguém vai prestar muita atenção nele. Leve isso logo para o tipógrafo, antes que eu me arrependa. Agora meu tacape pode voar, Sousa? Tomara que quando descer ele caia na sua cabeça.

21
capítulo

O último rodapé do folhetim *Cinco minutos* saiu na manhã de uma quinta-feira chuvosa, e a edição do *Diário do Rio de Janeiro* esgotou-se em pouco tempo.

Quatro dias depois lá estava, à venda, a brochura de sessenta páginas com a história completa. Uma parte da edição foi para os assinantes. Outra, vendida no balcão do *Diário*, gerou uma fila de compradores que se estendeu pela calçada, atrapalhando a entrada da casa de modas vizinha. A proprietária, madame Besse, não se incomodou. Estava muito feliz por Carlota ter se curado da tuberculose graças ao amor. Nem quis saber do médico alemão.

O sucesso de *Cinco minutos* aumentou muito a vendagem do *Diário*. A tipografia teve de dobrar o ritmo de trabalho. Mas, para José de Alencar, não se tratou apenas de um sucesso comercial. Aquele era seu primeiro livro. Aceito de forma espontânea pelos leitores, sem anúncios pagos, sem críticas compradas, sem chantagens, sem pedidos de elogios a apadrinhados. Os leitores quiseram comprá-lo apenas por suas qualidades.

Ele dava mais valor ao leitor comum, que juntava suas moedas para adquirir o livro, do que ao pomposo elogio de algum famoso intelectual da Corte. Comprar o livro era uma manifestação de louvor realmente sincera.

Bastava deixar a porta entreaberta e ouvir o movimento no balcão da redação do *Diário do Rio de Janeiro*. Em plena segunda-feira, o dia da semana mais morto para um jornal, já passava das três da tarde e as pessoas continuavam querendo comprar o *Diário* e a brochura, perguntando se não iriam tirar mais cópias.

O belo ruído da Glória. E inebriante.

Um vício. Alencar já queria mais. Precisava continuar escrevendo romances, continuar sentindo aquilo, pelo resto da vida.

Escrever. Publicar. A Glória.

Nunca se sentira tão feliz, realizado, completo. Nascera para aquilo. Criar. Ser lido. E agora que aquela droga havia entrado em seu sangue, não podia mais parar.

E não podia parar mesmo. No dia seguinte, terça-feira, a procura pela brochura até continuou, mas as vendas do jornal despencaram.

Trinta de dezembro. Nenhum pedido de novas assinaturas e a venda avulsa voltou ao normal, ou seja, muito, muito abaixo do recomendável para o jornal continuar existindo. Estaca zero. Como sempre. E, como sempre, era preciso fazer alguma coisa, rápido, bem rápido.

Era como o eterno trabalho de Sísifo, aquele rei da mitologia grega condenado por Zeus a arrastar uma pedra muito pesada até o alto da montanha e vê-la rolar para baixo, e no dia seguinte arrastá-la novamente e vê-la rolar, sem poder impedir, e no dia seguinte, e no seguinte... Por toda a eternidade.

O castigo de Alencar era pior porque a pedra não estava sempre lá, só esperando para ser empurrada. Ele precisava inventá-la.

Apesar do esforço ser inútil, Sísifo podia até se sentir bem em alguns momentos. Muita gente gosta de rotina: acordar tendo alguma coisa para fazer, um propósito na vida, mesmo que estúpido. E sempre havia vantagens à saúde no exercício físico diário de arrastar pedras.

Porém, ser obrigado a imaginar e fazer a própria pedra era um suplício diabólico que já durava quinze meses.

Estaca zero? Não. Dessa vez, a pedra seria a mesma.

Repetiria a estratégia de *Cinco minutos*. Além do sucesso financeiro, tinha tido prazer em criar uma pedra, prazer de arrastá-la até o alto da montanha, e até prazer pelas vendas do *Diário* terem despencado porque teria de inventar uma nova pedra como aquela.

Virar o castigo a seu favor era vencer os deuses!

Era como imaginar Sísifo feliz.

Começaria a escrever outro folhetim. Naquela mesma semana. Pronto, estava decidido: quinta-feira, dia 1º de janeiro de 1857, o *Diário do Rio de Janeiro* abriria o novo ano com um novo folhetim!

De sua autoria, é óbvio.

Felicidade era aquilo: uma coisa que o sujeito ao mesmo tempo *precisa* e *quer* fazer.

Por que para sobreviver isso quase nunca acontecia? O que se precisava fazer não dava prazer. O que se queria fazer não dava dinheiro.

Entrou num estado de euforia extrema, seguido de uma ansiedade à beira do pânico, e resolveu agir antes que o medo o paralisasse. Abriu a porta de sua sala na redação, chamou Sousa Ferreira e comunicou ao jornalista que dali a dois dias o *Diário* começaria um novo folhetim.

— Amanhã, quarta, anunciaremos aos leitores! É preciso aproveitar a maré de sucesso. Malhar o ferro enquanto ele está quente.

— Muito bom, Alencar! Está certíssimo! Qual o título? Quem é o autor?

— Surpresa. E também vai sair sem assinatura.

— É você.

— Pode não ser um autor dos melhores, mas ao menos é de graça.

— É boa! Vou fazer o anúncio e avisar o paginador e o tipógrafo.

Sousa Ferreira afastou-se, alegre, e essa reação espontânea de seu jornalista deixou Alencar confiante. Acreditavam nele como escritor. Voltou a se trancar em sua sala. Entrou em crise. Tomado pelo pavor. Ia escrever o quê?!

Havia uma ideia indefinida, que partia de um sentimento impreciso, uma intuição: o próximo folhetim teria muito mais fôlego do que a pequena novela anterior. A pedra seria muito maior e mais pesada. Mas pelo menos seria uma só, durante meses.

Mas qual, o que, como? Não tinha tempo. Não tinha condições de trabalho. O sobrado barulhento e empoeirado, a bancada de cedro capenga, a vela no gargalo da garrafa. Os compromissos do jornal.

A falta de dinheiro crônica, a comida insossa de Ângela, a tuberculose. Era um homem doente, não podia se comprometer com um esforço além de... que se danasse tudo. Ao contrário. Por ser um tuberculoso é que precisava ter pressa! Quer deixar uma obra antes de morrer ou não? Quer realizar um projeto literário ou não? Porque vinha pensando nisso a vida toda, então? Para morrer sem nem ao menos tentar? A hora era aquela.

Sousa já estava espalhando a novidade por toda a redação. Não podia voltar atrás. Tempo para pesquisa? Condições de trabalho? Desde quando um escritor romântico precisava disso? Ainda por cima um escritor romântico de folhetim.

Escrever um capítulo por dia levava o escritor a um ritmo de trabalho muito diferente daquele de um escritor clássico, anos escrevendo seu grande épico, em algum castelo, sossegado em seu gabinete, ao pé da lareira, cercado por uma imensa biblioteca e atendido por uma legião de serviçais solícitos e silenciosos.

Escrever folhetim não dava tempo ao escritor nem de raciocinar. Era obrigado a ser espontâneo. A deixar vir à tona a irracionalidade, a intuição, as paixões, os sentimentos violentos, ingovernáveis, revolucionários, com personagens que fugiam do controle do próprio autor. Mesmo sem querer, tornava-se romântico.

E que se danassem as condições de trabalho!

Manuel Antônio de Almeida não escreveu *Memórias de um sargento de milícias* na sala do professor e arquiteto Béthencourt da Silva enquanto as pessoas recitavam, cantavam, discutiam e conversavam? Ele colocava o papel sobre a cartola, em cima da barriga, deitado numa marquesa, e escrevia os capítulos a lápis.

Joaquim Manuel de Macedo não escreveu *A moreninha* em um mês, num sítio em Itaboraí, só à noite, tomando chá para ficar acordado até as três da madrugada? Macedo escrevia em toda a parte, a qualquer hora. Redigia capítulos de folhetim na sala de aula, enquanto seus alunos do Colégio Pedro II faziam prova.

Gonçalves Dias, onde quer que estivesse, fechava-se em si mesmo, debruçava-se sobre uma folha de papel e escrevia um poema como se estivesse em transe mediúnico.

Que importam a poeira e o barulho? Não havia conseguido criar *Cinco minutos* naquele maldito sobrado?

Mas escrever o quê?

Se queria começar um folhetim na quinta, tinha de começar a escrever o primeiro capítulo imediatamente. Aquelas próximas horas seriam as mais importantes. Assunto? Trama? Época? Personagens?

Saiu de sua sala dando ordens afobadas, instruiu o paginador sobre duas tiras que ainda seriam entregues e foi para o sobrado com a intenção de trancar-se até o dia seguinte, isolar-se completamente, só sair depois de escrever pelo menos um capítulo do novo folhetim que abriria um novo ano. Tinha certeza de que, se começasse, a imaginação e a disciplina o levariam adiante.

Começar como?

Os cadernos. Tinha muitos cadernos, cheios de anotações. Registrava projetos e regras para romances, desde a época da faculdade. Iria consultá-los. Alguma ideia teria de surgir.

No caminho, comprou tinta, uma pena nova e uma resma de papel.

22
capítulo

Na cama, porta e janelas fechadas para se proteger do barulho e da poeira, a vela sobre a mesa de cabeceira, cercado por todos os seus antigos cadernos de anotações, com apenas o resto daquela terça-feira, 30 de dezembro de 1856, para ter uma ideia e escrever o primeiro capítulo.

Se queria começar o folhetim no primeiro dia de 1857, precisava entregar o texto ao tipógrafo na manhã seguinte.

O caderno de citações... Lope de Vega, Balzac, Dante, Shakespeare, Petrarca, Camões, Almeida Garret. O caderno de provérbios portugueses e espanhóis. O de coletâneas de frases em latim, inglês e francês. O grosso canhenho em que copiou trechos dos cronistas que leu nos longos dias passados em Olinda, na velha biblioteca do Mosteiro de São Bento. O caderno com o ideário romântico, que acabara de folhear. Aquele outro, fino, com a pesquisa para as cartas de Ig. Esticou as pernas. Pegou o de Olinda.

Em Pernambuco, no curso preparatório para ingressar na Faculdade de Direito de São Paulo, mergulhara na leitura dos historiadores da era colonial, devorando as páginas dos velhos alfarrábios que descreviam as terras e os costumes dos povos do Brasil. Folclore, crenças religiosas, rituais, medicina, lendas... Cronistas como Simões de Vasconcelos, Rocha Pita, Pizarro, Brito Freire, John Mawe e tantos outros. Tinha um deles ali na estante, os *Anais do Rio de Janeiro*, de Baltasar da Silva Lisboa.

Fizera aquela pesquisa sonhando com seu épico nacional indianista. Seu "monumento à literatura pátria". E se ele afinal o escrevesse? Vinha preparando-se para isso havia anos.

Ideia importante demais para ser desperdiçada em um folhetim? Adiar para quando tivesse tempo e tranquilidade para se dedicar totalmente à pesquisa e à escrita? A quem queria enganar? Isso não aconteceria tão cedo. Provavelmente nunca.

Por que não realizar logo o que sonhava aquele jovem idealista de 19 anos, no silêncio medieval do Mosteiro de São Bento, em Olinda? Vilões que cometessem maldades indizíveis. Guerreiros com força sobre-humana. Donzelas lindíssimas. Lutas de espadas, guerras monumentais, pólvora explodindo, homens lutando com feras, tiros, flechas, perseguições, traições, motins, incêndios apocalípticos!

Não podia fazer um romance urbano com aquilo. Fantasia sem limites só podia acontecer no passado.

Românticos jogavam seus personagens em épocas antigas, envoltas em mistérios, para lá terem liberdade de colocar tudo o que imaginavam de bom, de bravo, amoroso, belo e puro. E também de mau, perverso, triste, trágico, corrompido. Um ambiente em que pudessem exagerar, sem correr o risco de serem acusados de exagero.

Romance histórico. Afirmar e exaltar o passado nacional. Era o que o Brasil precisava. Foi o que Ig defendeu nas cartas ao acusar Gonçalves de Magalhães de não ter feito isso como se devia.

O Romantismo europeu fez. O maior escritor de todos foi Walter Scott. Procurar nas ruínas medievais a verdadeira alma de seu povo. Recusar as tradições greco-romanas do Neoclassicismo. Voltar aos romances medievais de cavalaria, às próprias lendas e mitos, ao próprio folclore.

Era preciso fazer isso aqui. Mas bem-feito. Afirmar a alma nacional *brasileira*. Ela era jovem e carecia de autoafirmação e autoconsciência.

O Brasil tornou-se independente em boa parte graças às lutas dos nativistas. O pai de Alencar foi um dos mais importantes. Exaltar o passado para afirmar a nacionalidade era necessário e oportuno. Mostrar que tínhamos História, valores, tradições.

Projetar um mundo de heroísmo e de virtudes ideais. Termos orgulhos de nós mesmos.

Era o que ele iria fazer!

Romantismo. Aventura e paixão.

Dois personagens que se amavam, mas que só ficariam juntos no final.

Em *Cinco minutos* não havia vilão, mas dessa vez criaria um. Extremamente mau. Nada de meios-termos, para não confundir o leitor, que precisava torcer pelo herói desde o começo.

No final, castigar o vilão impiedosamente.

O herói encarnaria o bem, a perfeição, a força, a lealdade... um tipo ideal de perfeição humana. Quem se importava que um sujeito assim não poderia existir? Ele não era mesmo para ser como os homens são, e sim como os homens *deveriam* ser. Defender suas crenças com a própria vida. Honra. Cavalheirismo. Proteger mulheres, crianças, velhos, fracos e oprimidos. E também os fortes e poderosos, como os cavaleiros medievais que defendiam seus senhores.

O vilão teria de ser desleal, mentiroso e desonesto. Prometer e não cumprir. Enganar, roubar e matar. Seduzir mulheres. Trocar honra e dignidade por dinheiro e poder.

O herói tinha de amar uma mulher e protegê-la do vilão. Ela deveria ser linda, ter pés bonitos e sensuais, longas e abundantes cabeleiras. E ser virgem. Isso era essencial. O Novo Testamento não tinha tantos leitores à toa. Uma heroína que, apesar de mãe, continuava virgem era perfeito.

Ou virgem, ou casada com o herói e absolutamente fiel. Ele então faria uma longa viagem, como o Ulisses de Homero, enquanto Penélope... Não, num romance brasileiro melhor não arriscar o tema da fidelidade conjugal. O costume no Brasil era trancafiar a esposa em um convento e pegá-la na volta da viagem.

Evitar a paixão carnal explícita. O sexo deveria ficar sempre subentendido. O amor do herói como um princípio divino, abstrato, espiritual. As coisas da carne ficariam para o vilão. Que seria punido. Os leitores eram católicos.

Tudo que o herói fizesse deveria ter um simbolismo. Em vez de tirar a virgindade da heroína, ele entraria em um poço profundo cheio de serpentes para resgatar uma joia perdida. No final, ele podia atravessar uma ponte estreita carregando-a no colo.

Não devia esquecer: tratava-se de um novo estilo literário, novas atitudes, libertárias. Não seria uma heroína clássica, submissa aos caprichos patriarcais. No Romantismo, todos tinham o direito de ser felizes e de escolher seu par. O amor *romântico* deveria triunfar sobre preconceitos, tradições, diferenças de raça e posição social. Nada poderia impedir a união de duas almas apaixonadas. Quanto maior fosse a diferença entre elas, melhor para atrair leitores. Aprendera a fórmula com *Cinco minutos*: mais sofrimento, mais torcida por um final feliz.

Colocar a heroína em muitos perigos. Quanto mais trabalho ela desse ao herói, melhor. A morte e o desastre deveriam rondar a pobre moça. Até catástrofes naturais a ameaçariam.

A força sobre-humana dele a salvaria sempre.

23
capítulo

Projetar um mundo de heroísmo e de virtudes ideais? Termos orgulhos de nós mesmos?

Orgulho? De quê? De que passado?

Não havia do que se orgulhar do Brasil. Três séculos como colônia portuguesa submissa e explorada. Depois, praticamente um protetorado inglês. A que época retornar para encontrar valores nacionais autênticos, mitos fundadores, lendas formadoras, livres das influências estrangeiras? Onde fincar os esteios e construir os alicerces da tal alma nacional?

O Brasil indígena. Os brasileiros puros, de antes de Cabral!

Não, não precisava chegar a tanto. Os leitores ainda não estavam preparados para um romance só com índios pelados. Mas não havia dúvida: no Brasil, o homem bom e puro estava no mato. O indígena não contaminado pelo europeu era o verdadeiro nativo. O brasileiro "legítimo". Por isso, o épico nacional tinha de ser indianista.

Fugir dos limites urbanos, das paredes e das ruas, dos calçamentos e dos telhados. Sensações novas, percepções novas, novos cheiros, cores, sons... O Brasil primitivo e profundo, onde morava nossa alma autêntica.

Nesse ponto, o escritor romântico carioca tinha uma vantagem sobre o europeu: nossa natureza selvagem começava logo ali, depois de São Cristóvão, no fim do vale das Laranjeiras, subindo o rio Carioca; ou nas montanhas da Tijuca, onde já se podia caçar marrecas. Podia-se chegar à natureza de bonde.

Os exemplos de altivez, lealdade e coragem tinham de vir do Brasil selvagem.

Ele escrevera no caderno de Olinda: *Voltar a alma nacional ao seio materno da Natureza, para crescer sadia com o leite purificador da floresta.*

Cuidando para não cometer o mesmo erro de Gonçalves de Magalhães: ver o Brasil com olhos de europeu. Sentir os brasileiros em decassílabos. "Civilizado" escrevendo sobre "selvagens". Romantismo de fachada. Encher os versos de palavras tupis extraídas da *Arte de gramática da língua mais usada na costa do Brasil,* de José de Anchieta.

Precisava respeitar, venerar o índio brasileiro. Homero, Virgílio, Camões. Todos tinham dado uma origem divina, semidivina ou heroica ao povo que cantaram!

Valorizar o índio e a natureza. Extrair toda a grandeza de se fazer fogo esfregando dois gravetos. Virgílio escreveu um poema belíssimo a respeito de um mosquito. Chateaubriand achou uma fonte inesgotável de poesia descrevendo a maternidade entre os jacarés da América do Norte.

Os cantos da *Ilíada* nasceram das reminiscências de povos selvagens. Tupã podia ombrear-se com o Júpiter de Homero ou com o Jeová do Velho Testamento sem passar vergonha.

Como escreveu Ig: *Se se pretende escrever sobre os indígenas é preciso respeitá-los e admirá-los. Não! Mais do que isso! Idealizá-los!.*

Pronto. Estava decidido!

Escreveria um romance histórico. Com um herói índio, livre e incorruptível, incapaz de cometer traição, de ter inveja, que desconheceria a hipocrisia e a mentira. Com poderes ilimitados de um semideus. Um símbolo.

Tinha o final da tarde e a noite toda para escrever o primeiro capítulo.

O assunto não lhe era desconhecido. Havia fontes de pesquisa ali mesmo. O caderno de Olinda. A biografia de Filipe Camarão, o potiguar que ajudou a expulsar os holandeses de Pernambuco, escrita por ele em 1849 para a revista *Ensaios Literários*. E os *Anais do Rio de Janeiro*, de Baltasar da Silva Lisboa.

Levantou, com a garganta seca, encheu a caneca com a água fresca da moringa, respirou fundo, bebeu caminhando de um lado para o outro, tenso.

A heroína seria índia também?

Não. As mulheres não se identificariam. Precisava pensar no público feminino. Eram elas que liam os folhetins.

Até pouco tempo atrás quase todas eram analfabetas. Os pais achavam que leitura só servia para desvirtuar as filhas. A chegada da Corte e a abertura do mercado mudou isso. Famílias ricas contrataram preceptoras e fundaram-se escolas femininas para ensinar as iaiás a ler e escrever, como as jovens da Europa.

Aí a moda dos folhetins pegou. As moças se identificavam com as heroínas de paixões ardentes, capazes de romper com a família e a sociedade por um amor. Viviam naquele mundo de sonho até que o pai lhes arranjava um marido.

Depois de casadas, continuavam a ler folhetins, agora para fugir da realidade.

Se queria vender jornal, era preciso escrever folhetins para as mulheres.

Uma heroína e um homem apaixonado por ela.

Um não. Dois, para haver disputa.

Um muito bom, nobre e bonito. Um muito mau, bandido, feio e perverso. Um, o amor romântico, espiritual. O outro, o desejo carnal, a concupiscência, a possibilidade até do estupro. Um amaria. O outro desejaria.

A heroína precisava ser branca. Sentir, amar e sofrer como uma branca. Para sonharem com o futuro ou fugirem da realidade, as iaiás precisavam ser conduzidas por uma mulher igual a elas. Mas conciliar um herói índio com uma heroína branca? Impossível.

Impossível ou uma grande ideia?

A paixão entre um índio brasileiro e uma branca descendente de europeus. União das raças. Amor sem preconceitos. Bravo!

Não era novidade. François Chateaubriand já criara isso em *Átala*, fazendo o índio Chactas ser salvo pela heroína virgem que dá nome ao livro. Ela era branca e cristã. Mas Átala tem sangue índio também: é mestiça, morena. A heroína de Alencar seria branca, europeia, virgem, católica e loura.

Tia Florinda acharia um absurdo, ficaria indignada. Quanto mais a tia Florinda considerasse um absurdo e ficasse indignada, mais certeza Alencar teria de estar no caminho certo.

E os leitores homens? Precisava agradá-los também. Quem eram?

Os estudantes.

Os que cursavam as faculdades de Direito de São Paulo ou de Pernambuco. Ou as de Medicina, no Rio de Janeiro e em Salvador.

Como viviam, com que sonhavam, o que liam, como os livros chegavam a suas mãos, quais as suas ambições mais profundas, a quem tentavam imitar?

Se queria conquistar os estudantes, compreender as aspirações e os interesses deles, era só voltar a si mesmo entre os anos 1844 e 1850.

24
capítulo

A Faculdade de São Paulo fora fundada em 1827 e atravessara todos os anos turbulentos da consolidação da Independência e do Império. Na década de 1840, transformara-se num centro de afirmação da nacionalidade brasileira, polo formador e irradiador de um nativismo orgulhoso e militante.

Formador, porque os estudantes liam muito e de tudo. Irradiador, porque escreviam, para todos os jornais, e, quando estes fechavam suas portas para textos mais ousados, os estudantes fundavam as próprias revistas.

Propagar novas ideias. Encarnar os ideais românticos libertários, rebeldes, inconformistas. Criticar a mentalidade antiga e os preconceitos. A única arma que tinham: a palavra escrita.

Uma nova geração já nascida num país independente.

A faculdade era um profundo e memorável rito de passagem. A entrada em outro universo. Sair da segurança da família para cair no mundo.

Alencar foi acompanhado pelo primo Tristão, já no terceiro ano de Direito. No fundo de sua mala, poemas, fragmentos de romances.

Tirou os óculos, limpou as lentes. Fazia muito calor. O assoalho tremia. Estariam arrancando uma trave de sustentação do piso logo abaixo dele? Demolindo o sobrado com ele dentro?

Lá se iria o escritor, um tal José de Alencar, acabar-se no térreo, soterrado com seus cadernos, seus sonhos, sua mesa vagabunda. Sem deixar nenhuma obra, apenas umas críticas despeitadas ao belo épico do grande Gonçalves de Magalhães e um folhetim medíocre chamado *Cinco minutos*, cuja única qualidade foi ter sido curto. Precisava falar com o mestre de cantaria. Saber o que estava acontecendo.

Muito antes da faculdade, a literatura já fazia parte de sua vida. Todas as noites, as mulheres da casa se reuniam, mães, filhas, parentes, agregadas e escravizadas, para ouvirem o capítulo de um romance, ou de um folhetim, na sala dos fundos da rua do Conde, 55, a primeira residência da família quando chegaram ao Rio de Janeiro.

Aos 11 anos, ele já lia bem. Sabia colocar cadência nas frases e emoção nas palavras, e isso lhe valeu o honroso cargo de ledor da família.

A mesa redonda de jacarandá com o candeeiro no centro. Aventuras românticas, sentimentais... *Amanda e Oscar, Saint-Clair das Ilhas, Celestina.* As mulheres ficavam tão interessadas e excitadas que ele era obrigado a parar a leitura para que externassem seu apoio ao herói, repudiassem a atitude do vilão ou tentassem alertar a heroína de algum perigo iminente.

Uma noite precisou parar de ler porque todas as mulheres choravam. Nesse momento, entrou o padre Peixoto e perguntou, muito assustado:

— Que desgraça aconteceu?

— O pai de Amanda acaba de falecer — disse a mãe de Alencar, aos prantos.

— Pois vou agora mesmo visitar a família enlutada, oferecer rezas e consolo. Onde moram?

Custou a entender que se tratava de um personagem de romance.

Depois, a faculdade.

Jovens de todas as províncias. Novas ideias. Nacionalidade nascente. *Fazer* uma nação. Entusiasmo contagiante, impulso missionário, construção de um destino comum, o orgulho de ser brasileiro. E o mais importante: distância dos pais.

As repúblicas. A de Alencar ficava num sobrado baixo e largo, esquina da rua São Bento com Quitanda. No quarto estreito e úmido, a cama de solteiro, já usada por umas três gerações de estudantes desmazelados, escrivaninha mambembe, cadeira cambaia, estante pequena atulhada de livros e a lamparina a óleo que empestava as noites. A felicidade.

E a mesada: entre 40 a 80 mil réis.

Em 1827, São Paulo era uma cidade de pouco mais de 10 mil habitantes, com menos de 3 mil casas, que, com a fundação da Faculdade de Direito, precisou abrigar uma média de duzentos estudantes do preparatório e mais duzentos do curso de Direito.

No segundo ano de funcionamento, a moradia já era um problema tão grande que havia estudantes ocupando até as celas do Convento do Carmo. Os paulistas começaram a alugar quartos para aqueles filhos de famílias importantes, porém logo descobriram que, longe dos pais, os novos inquilinos eram mulherengos, bêbados e arruaceiros. Acharam mais seguro alugar a casa toda e morar em outro lugar com a mulher e as filhas. Assim se formaram as repúblicas, territórios livres dentro da cidade.

Muitos alunos vinham de famílias abastadas e viviam luxuosamente. Além do escravo particular, que chamavam de pajem, tinham passadeira, engomadeira e cozinheira, comiam do bom e do melhor, decoravam seus quartos espaçosos com espelhos, pianos, quadros, lustres, boas e espaçosas mesas de estudo, camas largas e confortáveis, e até mesinhas de cabeceira e tapetes. Compravam revistas parisienses para copiar os figurinos das estampas. Queriam viver como os poetas franceses, Alfred de Musset ou Théophile Gautier, com longos cabelos brilhando de gordura.

A vida boêmia.

Os adoradores de Lord Byron querendo cometer na pequena e pacata vila de São Paulo os desatinos e as farras que o poeta inglês perpetrava em Londres.

Byron era um deus para eles. Imitavam o comportamento satânico de seus personagens, se reuniam em salas com paredes cobertas de panos pretos, pintados com esqueletos.

Depois que a faculdade e o comércio fechavam, começava a boemia, entre a garoa, nas ruas mal iluminadas ao redor das repúblicas.

Retraído, fechado em seu mundo interior, solitário, com mesada curta, Alencar não participou das noitadas, das bebedeiras. Circulou pela faculdade sempre sozinho e pouco apareceu nas reuniões de estudantes.

Taciturno, concentrado nos estudos, melancólico, pouco frequentou as famosas "noites de cinismo", não flertou com o satanismo nem fez parte da Sociedade Epicureia, o grupo de estudantes que cultuava Byron, como Bernardo Guimarães e Álvares de Azevedo. Não participou das famosas farras da Taberna do Corvo, nem usou capa e cabeleira.

Franzino, frágil, cabeça grande, olhos muito negros, míopes, usava óculos de lentes grossas e uma barba negra, já cerrada. Figura estranha, mergulhado em pensamentos, vagando solitário e silencioso entre a balbúrdia da rapaziada.

25
capítulo

A boemia não impedia a vida literária; ao contrário, uma estimulava a outra. Mesmo em meio aos excessos, cultuavam poetas e romancistas.

Repúblicas eram centros pulsantes de vida literária. Liam, debatiam, recitavam, copiavam, escreviam poemas até nas paredes.

Todos românticos. Não havia como não ser. Eram jovens e contestadores.

Depois das mulheres, eram os maiores leitores de folhetins.

Que romances eles liam? O que *ele* leu?

Francisco Otaviano, filho de médico endinheirado, possuía uma biblioteca com os melhores autores da época. Alencar pegou emprestados os livros que quis.

Leu as obras completas de todos os grandes romancistas modernos do Romantismo: Alexandre Dumas, Alfred de Vigny, Victor Hugo, Chateaubriand, Walter Scott.

Leu toda a obra de Balzac. No original em francês, munido com um dicionário, como se fosse uma batalha, conquistando frase por frase, tropeçando em cada palavra, nunca derrotado por alguma, voltando várias vezes para reatar o fio da oração, avançando, página a página. Não admitia a ignorância. Tudo podia ser vencido com força de vontade e disciplina.

No final de 1847 viajou a Fortaleza. Visitou as terras do pai em Messejana, reviu a paisagem natal, porém do que mais se lembrava eram dos dias inteiros na rede armada atrás da casa, na sombra de um sapotizeiro, lendo, lendo, lendo.

No começo de 1848, foi de Fortaleza a Recife por mar. Onze dias a bordo de uma escuna de nome Laura. Mais do que do Atlântico, lembrava as aventuras marítimas dos livros de Fenimore Cooper e Frederick Marryat que leu a bordo.

Lia mais do que vivia.

Em Olinda, depois de todo um dia de leitura no Mosteiro de São Bento, costumava passear na calada da noite pelas ruas escuras e desertas, sentar em alguma pedra das ruínas do Convento do Carmo e ouvir o silêncio do mar, sentindo sua própria solidão, imaginando outros mundos.

Numa noite daquelas começou a tossir e descobriu que era tuberculoso.

A tuberculose não o matara, até agora, mas seria sua companheira para sempre — e provavelmente causaria sua morte. Era ela quem lhe dava aquele sentido de urgência.

Precisava cumprir seu destino, realizar sua tarefa.

No momento, começar a escrever o tal folhetim.

Século XVI ou XVII.

Amazônia? Selvagem demais. Longe demais. Como enfiar uma heroína branca no meio da Floresta Amazônica?

Trazendo o cenário para perto.

Ele só precisava de uma floresta e algumas tribos selvagens. No século XVI, até a Tijuca já serviria.

Perto demais. O leitor pegava o bonde e ia lá confirmar algumas informações do folhetim.

Podia ir subindo a serra. Petrópolis?

Tornou a pegar o caderno de Olinda, com as cópias dos cronistas coloniais.

Os primeiros navegantes, no século XVI, os portugueses e os franceses de Villegaignon, depois de dobrarem com suas caravelas os promontórios e as ilhas de Cabo Frio, passavam entre os paredões de rochas que ladeiam a baía de Guanabara e avistavam, bem ao fundo, um paredão granítico que subia a grande altura, recortando o horizonte com altos e baixos bem definidos, como os dentes de uma serra ou como tubos de um órgão de igreja.

A Serra dos Órgãos.

Nos primeiros tempos a chamaram de Picos Fragosos, como comprovava o mapa do cartógrafo Lopo Homem, de 1519, e confirmava o mapa de Diogo Homem, de 1558.

Os primeiros homens brancos a pisar aquelas terras atravessaram os pântanos da baixada e seguiram trilhas abertas na mata por índios desconhecidos, chegando ao sopé das montanhas de rochas íngremes. A jornada foi relatada em português arcaico, nas páginas do famoso diário de navegação de Pero Lopes, cronista da grande armada que saiu de Portugal em 1530 para plantar os alicerces da colonização.

Segundo Pero Lopes, em maio de 1531, o capitão-mor Martim Afonso de Sousa mandou quatro homens para conhecer os acidentes geográficos dos confins da baía de Guanabara, onde se viam *serra mui altas e formosas.*

Aqueles quatro homens foram e vieram em dous meses, e andaram pella terra adentro cento e quinze leguoas, e, dessas cento e quinze, *sessenta e cinco dellas foram por montanhas mui grandes.*

Quem foram os primeiros europeus a andar pelo Rio de Janeiro? Quais os seus nomes? Tudo sobre eles desapareceu; restou apenas o registro de sua aventura, poucas linhas numa folha de papel que o tempo se encarregaria de fazer desaparecer.

Com certeza chegaram perto do imenso indicador de granito apontando para o céu. No mapa de Diogo Homem, de 1558, o dedo já apareceu bem definido, assim como, em 1561, no mapa ainda mais minucioso de Bartolomeu Velho. Nesse mapa, pela primeira vez a cadeia de montanhas ganhou o nome definitivo. Confirmado em 1569, por Gabriel Soares: o Rio de Janeiro tinha *sobre si umas serras mui altas que se vêem de muito longe vindo do mar em fora, a que chamam Órgãos.*

Ao longo dos séculos, todos os cronistas exaltaram a beleza daquelas montanhas e a exuberância de suas florestas e rios. Após a chegada de dom João VI, muitos viajantes estrangeiros testemunharam isso por meio de escritos e desenhos.

Em 1816, o botânico, naturalista e viajante Saint-Hilaire escreveu deslumbrado que, para conhecer toda a beleza daquele lugar, era necessário penetrar bastante *nesses retiros tão antigos como o mundo [...] numerosos córregos serpenteiam pelas matas virgens e oferecem ao viajante sedento uma água deliciosa e cristalina* [...].

Para os cientistas Spix e Martius, dentro daquela floresta descomunal a vegetação *alteia-se em árvores frondosas.*

Para Gardner, a magnificência daquela espessa floresta *não pode ser imaginada pelos que nunca a viram nem penetraram em seus recantos.* Rugendas a retratou em desenhos magníficos.

Langsdorff, Mawe, o príncipe de Wied-Neuwied, Eschwege... Todos haviam descrito a Serra dos Órgãos, com rigor científico, mas também com paixão.

Vantagens daquele cenário: a fonte de pesquisa sobre fauna, flora, tribos, colonizadores... estava bem ali nos *Anais do Rio de Janeiro,* de Baltasar da Silva Lisboa.

E o local não podia ser mais grandioso.

Grandioso seria também seu folhetim. Grandiosos o herói, seus feitos e a belíssima heroína. Grandiosos como sua sombra, que ocupava toda a parede oposta graças à vela que se transformara em cotoco e precisava ser trocada. Mas seus olhos fecharam e ele cochilou.

26
capítulo

A primeira pancada reverberou dentro do sonho. A segunda o pôs sentado na cama. Na terceira, correu a abrir a janela. Sentiu a quarta bem sob seus pés descalços.

O movimento da Praça da Constituição estava normal, as lojas ainda abertas, o grupo de ciganos com a barraca montada lá do outro lado vendendo panelas de cobre, cocheiros cochilando na boleia das seges, a fila de ônibus com suas mulas sonolentas esperando passageiros, homens trabalhando na reconstrução do Theatro São Pedro de Alcântara, já quase pronto.

Quatro negros fortes entravam e saíam do térreo, retirando entulho numa grande padiola para despejá-lo em uma carroça puxada por dois burros. Faziam isso havia dias.

As pancadas no andar de baixo continuavam, secas, ritmadas.

Da janela avistou o mestre de cantaria, Joaquim Pires, com sua boina preta, e os dois ajudantes atrás carregando as ferramentas. Desceu para falar com ele.

— Retiram as entranhas do prédio como se o fossem empalhar — Alencar disse ao mestre, apontando para os negros que saíam com a padiola cheia de pedras, pedaços de barro e paus. — Assim cai tudo. Saco vazio não para em pé.

— Não cai, não. — Joaquim riu. — Estão a tirar só gordura. Os ossos ficam.

— Pois acho que até os ossos estão indo.

— Vamos a ver.

Joaquim possuía o maravilhoso dom de manter o bom humor independentemente do que lhe acontecia. Com um sorriso pregado embaixo do vasto bigode, resolveu acabar de vez com as apreensões de José de Alencar.

Explicou o papel dos longos esteios cravados fundo na terra, e os sólidos alicerces que os uniam e que subiam à superfície até a altura de meio homem. Passando os dedos calejados entre as grandes pedras da base do sobrado que dava para a calçada, mostrou que aquela argamassa composta de areia, cal e borra de gordura de baleia era tão dura, e colada às pedras com tanta força, que se podia dizer que tudo virara pedra.

— Mas é borra ou óleo de baleia? — Alencar quis conferir, sempre ligado nas palavras.

— Chamam de óleo para valorizar o serviço, mas na verdade o que se usa em construção é a borra, o resíduo que fica do cozimento da gordura da baleia. O custo do óleo é elevado, por isso ele vai todo para a iluminação. Só se usa óleo de baleia na argamassa se a parede for sofrer muito com o ataque da umidade, porque o óleo repele bem a água. A borra é muito mais barata, e também melhor, porque tem a mesma gelatina que forma os ossos da baleia e os deixam fortes.

Joaquim ensinou que as quatro paredes externas de um sobrado como aquele eram como pirâmides muito alongadas para o alto, que iam mudando de estrutura à medida que subiam.

Começavam no alicerce, com grandes granitos de 1 metro de largura, e iam recebendo pedras cada vez menores por cima, calcários, arenitos e até pedras de rios, bem como pedras pequenas calçando as grandes, todas coladas com argamassa, até que, a certa altura, passavam para os tijolos maciços. Por fim, colocavam os baldrames, grossas vigas horizontais onde apoiavam o vigamento do assoalho do segundo andar.

Sobre os baldrames, perpendiculares e paralelos aos troncos aparentes dos esteios, partiam outras vigas grossas, em toda a volta, e sobre elas um segundo baldrame. Nos cantos, pregava-se uma viga inclinada, como nos cantos dos chassis das telas de pintura. O segundo baldrame, por sua vez, sustentaria o vigamento do telhado.

— Essa armação de troncos grossos e aparelhados, de aroeira ou braúna, pode durar os mesmos séculos que essas árvores duram nas florestas.

— Isso se não os botarmos abaixo a golpes de marreta — implicou Alencar.

— Não estão a mexer com as paredes externas, pois não são doidos. A intenção não é demolir o sobrado.

— Pois parece.

— Vamos a ver. Vamos a ver — repetiu o português, passando com Alencar para dentro do prédio. — As paredes externas aqui do rés do chão já começam a ser de tijolo, vês? Estes blocos de argila são cozidos no forno e se tornam duros como pedras. Sobe-se a fileira de tijolos e argamassa sobre o alicerce até o primeiro baldrame, deixando espaços vazios para portas e janelas. As molduras desses espaços faço eu, com a minha cantaria. No sobrado, onde o gajo mora, já as paredes não são de tijolos, mas de pau a pique, que é o barro amassado em pilão, como aqueles ali, misturado com crina de cavalo, sal grosso ou até bosta de vaca, e aplicado sobre um trançado de varas, bambus ou hastes de buriti. Essa é a forma de construção mais antiga que existe. Já a usavam os índios quando cá chegamos. Também leva o nome de barroado, taipa ou parede de sopapo.

— Eu conheço. Minha família vem do interior do Ceará.

— Pois então, estás a compreender como é formada a pirâmide das paredes externas? Começa como pedra de 1 metro de largura, depois pedras cada vez menores, passa para tijolo e termina em pau a pique. Vai sempre a afinar e a se tornar mais leve. Uma coisa assim não tem como desabar, senhor Alencar. No máximo verga, pelo passar do tempo, e o gajo tem tempo de sair e ainda levar tudo que é seu. Isso só desaba se lhe dão algum encontrão muito forte ou um abalo como o que ocorreu com o terramoto que arrasou minha querida Lisboa já faz um século. Mas cá não há terramotos.

— Mas estão fazendo um! Estão tirando o chão debaixo dos meus pés.

Joaquim riu:

— Olha que é o contrário o que está a acontecer. O proprietário quer reformar a loja e está a tirar todas as divisórias para aumentar o espaço e, com isso, trata de reforçar o teu assoalho com mais vigamento. O que estás a escutar são as pancadas para colocar vigas de reforço e pôr abaixo as divisórias.

— Então são as paredes que estão saindo aos pedaços nas padiolas? Mas sem elas o sobrado cai!

— Não te alardeies. As paredes internas são como gordura, pode-se tirar e acrescentar que o corpo não cai. Os ossos que sustentam o prédio são a armação de madeiras que acabei de descrever-te. Pode-se tirar todas as paredes internas que os vigamentos continuarão firmes, no mesmo lugar. O teu assoalho não está assentado nelas, e sim nas grossas vigas apoiadas nos baldrames e nessas não estão a mexer. Vão até acrescentar algumas.

E, para provar o que dissera o mestre de cantaria, mostrou que as paredes internas que estavam demolindo eram feitas de pau a pique.

— Paredes assim não aguentam peso. Tudo isso pode ser arrancado sem causar dano. O que sustenta a construção são os esteios bem fundos, os alicerces bem sólidos e os vigamentos bem amarrados. Todo o resto é conveniência ou enfeite.

Alencar não tornou a subir. Estava com fome, precisava fazer um lanche para enfrentar a noite, que seria de vigília e muito trabalho.

Entrou no café do Braguinha, cumprimentou o proprietário, ocupou uma mesa isolada no fundo do salão e pediu café forte, omelete e torradas.

O café do Braguinha era onde os solitários faziam sua primeira refeição do dia, que para alguns era a única. Machado de Assis, às vezes, passava o dia inteiro com um café com leite e torradas.

À tarde tornava-se mais animado e belo, quando as mocinhas apareciam para tomar sorvete ou lanchar.

À noite, a alegria explodia. No final dos espetáculos, as pessoas saíam dos teatros e enchiam as mesas. Braguinha era amigo dos intelectuais, dos políticos e dos artistas. João Caetano ia lá todas as noites levando a sua companhia. Os atores e as atrizes se misturavam aos políticos, homens de negócio, pintores, jornalistas e escritores. Alguém sempre acabava por sentar-se ao piano e o lugar virava uma festa.

A tenacidade de João Caetano era um exemplo. Um incêndio em janeiro transformara o teatro ali em frente em escombros e cinzas, e ele já anunciava num grande cartaz na nova fachada, para 3 de janeiro de 1857, o próximo sábado, a reabertura, com o drama *Alfonso Prieto* e o *vaudeville* Kelly, *ou A volta à Suíça.*

Desde que arrendara o São Pedro de Alcântara, em 1843, foi a segunda vez que o teatro pegou fogo. A primeira tinha sido em agosto de 1851, no meio de um espetáculo, e em um ano João Caetano conseguiu reabrir as portas, numa noite triunfal.

Havia dois anos Braguinha instalara a novidade da iluminação a gás, e o movimento agora se estendia madrugada adentro.

Alencar terminou sua refeição às pressas, antes que a boemia o envolvesse, e voltou a se trancar no sobrado.

27
capítulo

A fantasia também precisava de alicerces de pedra. Para subir vertiginosamente até as nuvens, a imaginação tinha de partir do chão sólido da pesquisa, da leitura, do estudo da língua, dos grandiosos feitos literários do passado.

Só num alicerce consistente Alencar poderia assentar com segurança o vigamento da trama, as conveniências dos personagens, os tabiques dos capítulos e os enfeites do estilo.

Sobre o peso da pedra, alcançar a leveza do pau a pique.

O único livro que trouxera da chácara de São Cristóvão, na pressa da mudança: os *Anais do Rio de Janeiro*. Ali estava o alicerce.

Influências? Alexandre Dumas, Herculano, Chateaubriand, Fenimore Cooper, Marryat, Garrett, Ohnet, George Sand, Lamartine, Joaquim Manuel de Macedo, Gonçalves Dias, Perrault, Victor Hugo, Walter Scott...

— *Ivanhoe!*

Caminhou pelo quarto, exaltado, repetindo feito um maluco:

— *Ivanhoe! Ivanhoe!*

Sobrados existirem e ficarem de pé era o resultado de um processo de tentativas, erros e acertos que já durava milênios. Quantas casas não desabaram até as pessoas entenderem que precisavam de alicerces? Quantas construções não tombaram até descobrirem a profundidade certa de enterrar esteios? E qual foi sempre o motor desse progresso? A imitação do que deu certo!

— *Ivanhoé*!

A obra-prima de Walter Scott, autor considerado fundador do romance histórico. Publicada havia 36 anos. Milhares de leitores e seguidores mundo afora.

Ivanhoé era um bom modelo a ser copiado. Tinha dado muito certo, um sucesso tremendo. Por causa dele, o autor recebera o título de barão, ficara amigo dos reis da França e da Bélgica, ganhara mais de 10 mil libras por ano de direitos autorais e fora traduzido em várias línguas. Mesmo com a morte do autor, em 1832, o livro continuava vendendo bastante.

Um *Ivanhoé* brasileiro. Sem tanto rigor histórico, privilegiando a imaginação, mas alicerçado em fatos reais, que Alencar tiraria de algum episódio ali dos *Anais* do Baltasar da Silva.

Alencar lera *Waverley*, de Scott, considerado o primeiro romance histórico, quando ainda era estudante de Direito, em uma edição portuguesa que pegara emprestada da estante de seu amigo Francisco Otaviano. Varou a noite acordado, fascinado pela sequência de batalhas, fugas, traições e aventuras de toda sorte.

Aquele tipo de literatura prendia o leitor dentro do livro. Não havia como escapar. Virar as folhas para saber o que aconteceria com os personagens tornava-se uma compulsão.

Ele tinha lido *Ivanhoé* já formado, trabalhando no escritório de Caetano Alberto Soares. Fora uma verdadeira iluminação. Quem acompanha a obra de um escritor sente quando este afinal realizou sua obra-prima.

José de Alencar se identificava totalmente com Walter Scott.

Scott: a infância entre Edimburgo e a fazenda do avô.

Alencar: a infância entre a Corte do Rio de Janeiro e os sertões do Ceará.

Scott: os livros de cavalaria e os relatos de sua tia Janet sobre a história da Escócia, repleta de aventuras verídicas vividas pelos católicos, derrotados e colonizados pelos protestantes ingleses.

Alencar: os cronistas da história do Brasil, a descrição das batalhas entre índios e colonizadores e as lendas do povo contadas por sua mãe.

Tia Janet contava histórias para fazer o menino Scott dormir e sempre as interrompia na melhor parte, para continuar na noite seguinte, que ele esperava com ansiedade. Aquilo ensinara a Scott a arte dos folhetins.

Alencar foi advogado. Scott também até publicar *Waverley* e fundar o Romantismo histórico. Não parou mais. Vieram *O mosteiro, O abade, O pirata, As aventuras de Nigel* e muitos outros, além de *Ivanhoé*!

Em todos, a ação se desenrolava no passado medieval com um nacionalismo romântico inflamado.

Na Idade Média, estavam os esteios e os alicerces das nações europeias. Na Idade Média, viviam os heróis que os escritores de romances históricos queriam exaltar.

O problema é que não havíamos tido uma Idade Média. Para os historiadores, ela só ia até o século XV. Terminava justamente quando os portugueses chegaram ao Brasil.

Seria preciso inventar uma.

28
capítulo

Se queria europeus no enredo do folhetim, no Brasil, ele só podia recuar até 1500. O que aconteceu no Rio de Janeiro naquela época? A luta dos portugueses para expulsar os franceses. Era justamente o cenário e o enredo de *A confederação dos tamoios.* Alencar não podia imitar Gonçalves de Magalhães.

Por que não? Só não podia cometer os mesmos erros. O tal Ambire confederou sua tribo a favor dos franceses. Ora, esses eram invasores também, colonialistas e exploradores.

Alencar podia usar como herói o Arariboia, que ficou ao lado dos portugueses. Alencar podia usá-lo como herói? Não. Um índio que acabou se convertendo ao cristianismo, ganhou sesmarias da Coroa portuguesa, adotou o nome de Martim Afonso de Sousa em homenagem ao invasor português e morreu afogado em uma praia de águas mansas, como as da ilha de Mocanguê-Mirim? Difícil.

Ivanhoé lutara por dois motivos: a liberdade dos saxões e o amor da bela Lady Rowena.

O Ivanhoé de Alencar não precisava de tanto. Podia lutar só por amor.

Era sempre a melhor saída no Brasil. Não se meter em política.

O pai de Alencar costumava promover reuniões secretas uma vez por semana, na rua do Conde. Menino, Alencar via aqueles homens misteriosos e circunspectos chegarem na calada da noite e se trancarem na biblioteca. O pai dizia que estavam "fazendo política". A mãe preparava bolinhos de chocolate. Alencar via a bandeja entrar na biblioteca e voltar vazia. Fazer política era aquilo: comer todos os bolinhos de chocolate sem deixar nenhum para ele.

A trama se passaria na época da fundação do Rio de Janeiro, mas não trataria dos confrontos entre portugueses, franceses, tamoios e tupiniquins.

A guerra já acabou e os franceses já deram o fora. Portugal venceu. Pronto.

Era o que bastava como alicerce.

Agora o vigamento.

A estrutura podia ser igual à que Walter Scott usou para erguer *Ivanhoé*. Um herói eticamente perfeito, bonito, forte, guerreiro invencível. Uma heroína como Lady Rowena. Loura, linda e virgem.

Com ela, faria par uma morena também deslumbrante e casta, como Rebeca, a filha do judeu Isaac do romance de Scott.

Rebeca tinha sido uma criação genial. A sensualidade da morena tornava a loura ainda mais angelical.

Diferentemente de Ivanhoé, a Rebeca de Alencar não se apaixonaria também pelo herói, muito menos ele por ela. Seria exagerar nas emoções. Já bastava o amor entre um índio e uma branca.

O grande e perverso vilão de Alencar tinha de ter a envergadura amoral de um Brian de Bois-Guilbert, o templário inimigo mortal de Ivanhoé. Não. Seria ainda pior que Brian. Em matéria de vilania, o Brasil oferecia muito mais oportunidades.

E precisava de um Cedric.

Em *Ivanhoé*, Cedric era um nobre senhor feudal saxão que representava toda a herança e a tradição de seu povo. A trama girava em torno de seu castelo e de sua família. Lá Ivanhoé conhecia Lady Rowena, e Brian de Bois-Guilbert conhecia Ivanhoé, e ambos se apaixonavam por ela.

Um bom Cedric seria uma viga importantíssima, uma espécie de primeiro baldrame a sustentar os sucessivos andares do enredo.

Teria de ser português. Gostaria que seu Cedric fosse tupiniquim, mas os leitores ainda não estavam preparados para esse excesso de nativismo. Como escrever um romance de cavalaria com índios que nem usavam cavalo?

Apesar de todo o seu ideal nacionalista, queria escrever um folhetim, e não fabricar um cocar, plantar uma roça de mandioca ou fazer um ritual para Tupã. Pretendia construir um prédio, e não uma oca. Os leitores não eram índios. Não contaria com um castelo medieval, mas a trama também não podia girar em torno de uma oca. Como fazer uma heroína branca conhecer o herói dentro de uma aldeia tupi? Só se tiver fugido ou sido raptada.

A heroína casta de Alencar estaria sobre o mesmo teto de seu pai. Só assim. De preferência cercada por um fosso bem fundo, cheio de cobras venenosas, e dormindo num quarto sem janelas.

29
capítulo

Walter Scott era um sábio: as figuras históricas famosas e reais em *Ivanhoé*, reis, rainhas, nobres, eram figurantes. Os protagonistas eram inventados.

Para um herói inventado se podia criar todo tipo de poderes e feitos grandiosos. Se Alencar colocasse Mem de Sá como protagonista, não podia fazê-lo atravessar a nado a baía de Guanabara, por exemplo, porque com certeza algum historiador, como Varnhagen, viria a público provar que o capitão-mor nem sabia nadar.

Ricardo Coração de Leão, o rei da Inglaterra, tinha uma participação fundamental no romance de Scott, mas o herói era Ivanhoé, que não existiu. O rei real e sua época contribuíam com a História, Ivanhoé entrava com a imaginação do autor. Com esse vigamento sábio se construía um romance histórico perfeito.

Porém, Scott foi além: entre a realidade do rei e a fantasia do herói, criou Cedric. O meio-termo. O elo. Um nobre saxão que provavelmente existiu, mas pouco se sabia dele. O personagem unia a realidade à ficção, com um pouco de cada. Cedric podia tratar de assuntos históricos e participar de situações que de fato existiram e ao mesmo tempo contracenar com Ivanhoé.

Alencar precisava de um personagem assim, híbrido, para ligar a fantasia à realidade. Alguém com uma existência real, que aparecesse nas páginas dos cronistas da época, mas cuja biografia não precisasse e nem pudesse ser conferida pelos historiadores.

Abriu o *Anais do Rio de Janeiro*. Foi ao período em que os franceses já haviam partido, as páginas que tratavam do final do século XVI.

Página 328.

O nome saltou da linha.

Dom Antônio de Mariz Loureiro.

Havia uma pequena biografia, suficiente, perfeita para os propósitos de Alencar:

> *Dom Antônio de Mariz, fidalgo português de cota d'armas, um dos fundadores da cidade do Rio de Janeiro. Um dos cavalheiros que mais havia se distinguido nas guerras contra a invasão dos franceses. Em 1567 acompanhou Mem de Sá ao Rio de Janeiro e, depois da vitória dos portugueses, auxiliou o governador nos trabalhos da fundação da cidade. Em 1578 fez parte da célebre expedição de Antônio de Salema contra os franceses que haviam estabelecido uma feitoria em Cabo Frio para contrabandearem pau-brasil. Foi provedor da real fazenda, e depois da alfândega do Rio. Mostrou sempre dedicação ao rei. Homem de valor, experimentado na guerra, prestou grandes serviços nas descobertas e explorações do interior de Minas e Espírito Santo. Em recompensa do seu merecimento, o governador Mem de Sá deu-lhe uma sesmaria de uma légua com fundo para o sertão.*

Espantoso! A tal *sesmaria de uma légua com fundo para o sertão* era justamente na Serra dos Órgãos!

A biografia continuava:

> *Com a morte e desaparecimento de Dom Sebastião na África, na derrota de Alcácer-Quibir, e o domínio de Portugal pela Espanha, que se seguiu, em 1580, a vida de Dom Antônio de Mariz sofreu um grave revés. Português de antiga têmpera, guerreiro, fidalgo leal, entendia que estava preso ao rei de Portugal pelo juramento da nobreza, e que só a ele devia preito e menagem. Quando,*

em 1582, Dom Felipe II da Espanha foi aclamado sucessor da monarquia portuguesa, Dom Antônio, vendo que seu braço e sua coragem de nada valiam ao rei legítimo de Portugal, jurou que ao menos lhe guardaria fidelidade até a morte. Embainhou a espada, pegou seu brasão, suas armas e sua família e foi estabelecer-se naquela sesmaria isolada que lhe concedera Mem de Sá.

Seu Cedric não podia ser melhor! Nobre, fidalgo, guerreiro, cavaleiro, leal ao seu rei. Um personagem de romance de cavalaria completo. E tinha até um brasão. A descrição estava na página 329:

Brasão de armas em campo de cinco vieiras de ouro, riscadas em cruz entre quatro rosas de prata sobre palas e faixas. No escudo, formado por uma brica de prata orlada de vermelho, via-se um elmo também de prata, paquife de ouro e de azul, e por timbre um meio leão de azul com uma vieira de ouro sobre a cabeça.

Um cavaleiro medieval morando no meio da mata brasileira! Na Serra dos Órgãos! Fantasia e a realidade se encaixavam.

Se dom Antônio de Mariz participou da luta contra os franceses, teria uns 60 anos. Perfeitamente capaz de ser o pai da heroína.

Na curta notícia que Baltasar Lisboa dava da vida de dom Antônio, havia a relação dos nomes de seus filhos. Quatro: Diogo, Isabel, Maria e Francisco. Alencar podia escolher a heroína entre Isabel e Maria. Uma será a loura e a outra, a morena.

Não. Melhor: a heroína também ser inventada. Ele teria mais liberdade. Não queria que amanhã aparecesse um historiador provando que sua virgem e casta donzela não era bem assim.

Criaria uma quinta filha para dom Antônio. O mundo não acabaria por causa disso. Aproveitaria uma filha verdadeira para ser a morena.

Isabel. Isabel seria a morena sensual.

A Rebeca do Ivanhoé era totalmente diferente de Lady Rowena, não só fisicamente, mas também quanto à raça (judia), cultura e condição social. Com duas irmãs Alencar não conseguiria esse efeito.

Isabel podia ser escravizada ou agregada.

Não. As iaiás não se identificariam com ela.

Isabel era filha bastarda de dom Antônio. Perfeito! Também justificava ser morena. Uma filha concebida fora do matrimônio. O nome da esposa estava no *Anais*: dona Lauriana Simoa, natural de São Paulo.

Que dona Lauriana o desculpasse, mas Isabel não era sua filha, e isso seria revelado no folhetim do *Diário do Vintém*.

Naqueles tempos, em que os maridos viviam partindo para batalhas, em longas viagens de comércio ou para colonizar terras distantes, acabavam arranjando amantes nativas.

Os soldados franceses não haviam se unido às índias e gerado mais de mil mestiços, que aqui ficaram povoando as margens da baía de Guanabara?

Isabel seria fruto da paixão carnal de dom Antônio por uma índia.

A vista ardia, a fumaça da vela o sufocava. Abriu a janela. A tarde caía.

Os trabalhadores estavam indo embora. O alicerce e o vigamento de seu folhetim pareciam bem firmes. Já podia até ir pensando em levantar as paredes.

Porém, alguma coisa estava faltando.

30
capítulo

A paixão estava bem resolvida. Faltava aventura.

A trama de Walter Scott não tratava só do amor de Ivanhoé por Lady Rowena; havia também a luta entre normandos e saxões e as intrigas políticas em torno do rei Ricardo Coração de Leão.

Alencar já decidira não se meter em política, mas alguma coisa histórica precisava acontecer para ser um romance histórico. Tinha de justificar levar a paixão dos protagonistas para o século XVII. Do contrário, por que não fazer o índio e a moça se amarem ali ao lado, na floresta da Tijuca, passearem de mãos dadas no Passeio Público e tomarem um sorvete na rua do Ouvidor?

As lutas entre as tribos indígenas e o branco colonizador dariam cenas ótimas de batalhas. Mas qual seria o motivo?

Vingança. Vida por vida, lágrima por lágrima. Havia lido em algum lugar que esse era o princípio de justiça entre os índios.

A vingança tinha de partir dos índios. Dom Antônio de Mariz vivia isolado com sua família no meio da floresta, cercado por milhares de índios hostis. Mesmo que matassem um filho seu, não seria maluco para atacar uma tribo inteira.

Filho? O contrário! Um filho de dom Antônio mataria um índio.

Qual dos filhos? Diogo ou Francisco? Diogo mataria um índio. A tribo se juntaria para matar Diogo.

Melhor. Diogo mataria uma *índia*, filha do chefe da tribo. Vida por vida: os índios iam querer matar a filha do chefe branco, a heroína! Bravo!

A casa de dom Antônio precisava ser uma fortaleza, quase um castelo inexpugnável, ou seria fácil os índios dizimarem todos. Os índios atacariam às centenas.

Teria de abastecer dom Antônio com bastante pólvora. Um porão cheio de pólvora.

Onde entrava o vilão?

Se ele era mau e não tinha nem um pingo de lealdade, assim que soubesse que dom Antônio seria atacado pelos índios, cairia fora do folhetim e iria cuidar da própria vida. Era preciso inventar um motivo para prendê-lo no castelo. Não bastaria a paixão carnal pela heroína. Ele não ficaria para defendê-la dos índios. Essa era a tarefa do herói. Vilões não morriam para salvar ninguém, mesmo que a heroína fosse lindíssima, um tesouro, de cabelos louros como fios de ouro e... tesouro!

Alencar abriu o caderno de Olinda compulsivamente. Onde havia anotado? Lá estava. O tesouro. A história que o havia impressionado. E a fonte: justamente o único livro que tinha à mão naquele momento, o *Anais do Rio de Janeiro.*

> *A lenda das minas de Muribeca remonta ao século XVI, quando o português Diogo Álvares foi o único sobrevivente de um desastroso naufrágio próximo à costa do Brasil. Salvaram-no alguns indígenas tupis-guaranis e, nos meses seguintes, aprendeu o idioma dos nativos, adotou o nome de Caramuru e se casou com a filha do chefe da tribo, Paraguaçu. Caramuru teve vários filhos e netos. Um deles, que viveu durante muito tempo com os tupis, chamou-se Muribeca. Depois de uma viagem aos sertões da Bahia, guiado por nativos tapuias, Muribeca encontrou uma riquíssima mina de prata. O filho de Muribeca, cujo nome era Robério Dias, era muito ambicioso e, durante uma viagem a Espanha, pediu ao rei Felipe II o título de marquês em troca da mina. O rei prometeu-lhe o título mas só se antes Robério Dias revelasse o segredo de seu pai. Robério Dias negou-se, por não confiar no rei, e morreu pobre e desgraçado, em 1622, levando consigo para a tumba o segredo da exata localização das minas*

> *achadas. Desde então, muitos partiram em busca do fabuloso veio de prata, mas quase todos morreram no intento ou regressaram sem haver alcançado o objetivo de sua viagem.*

Havia mais uma nota, em separado:

> *O documento mais importante sobre as minas de Muribeca apareceu em 1839, no Tomo I do periódico do Instituto Histórico e Geográfico Brasileiro. Trata-se do relato da viagem do aventureiro Francisco Raposo, efetuada em 1753.*

Quando chegasse àquela parte da história Alencar pesquisaria nos arquivos do IHGB.

A busca daquele tesouro era um fato histórico.

Mais um fio na trama. O vilão tinha o mapa da mina de prata de Robério Dias!

Alencar inventaria o modo como esse mapa foi parar nas mãos do vilão. O motivo da permanência dele na casa de dom Antônio estaria ligado ao tesouro. Inventaria esse motivo também. Lá ele conheceria a heroína e decidiria raptá-la. Perfeito. Ameaça de rapto. Mais um perigo para ela. Mais um trabalho para o herói.

O vigamento estava ficando bom.

O herói lutaria, por amor, contra milhares de índios e contra o vilão e todo o seu bando.

O herói de Scott se feria logo no começo e passava a maior parte do romance na cama, sendo cuidado pela bela judia Rebeca. Assim era fácil. O de Alencar lutaria o tempo todo, sem descanso. Herói brasileiro. Não tinha moleza.

Problema: herói índio lutando contra a própria tribo? Nem por amor ele podia fazer uma coisa dessas.

Solução: ele seria de outra tribo.

Voltou ao livro de Baltasar Lisboa. Que tribo vivia naquelas bandas da Serra dos Órgãos, naquela época?

Aimorés.

O herói seria Goitacá.

Não havia goitacás ali? Melhor. Ele vinha de uma tribo distante.

Levantou. Começou a andar de um lado para o outro no meio do quarto.

O movimento no térreo cessara completamente. Silêncio.

O que faltava para começar a escrever o primeiro capítulo?

Coragem.

Pedir ajuda aos mestres.

A Walter Scott, que o inspirasse a criar infinitas peripécias nas quais envolver os personagens.

E à tia de Scott, Janet, que o lembrasse sempre de terminar cada capítulo com um imprevisto.

Tornou a abrir a janela.

A noite havia chegado, abafada.

Lembrou-se de uma viagem. Menino. Nove anos. Visões da infância. Paisagens.

O pai deixava a presidência do Ceará, partindo para o Rio de Janeiro, e resolveu ir até a Bahia por terra, passando pelo Crato, para visitar parentes. Centenas de léguas atravessando o sertão, desertos, rios, serras, matas... Alencar menino foi povoando aquele mundo desconhecido com maravilhas, heróis, aventuras, selvas gigantescas e misteriosas que se prolongavam até os Andes, o rio São Francisco transformado em oceano cheio de piratas.

Deixou a memória daquela viagem colorir sua imaginação como tinta fresca.

Era hora de se sentar à mesa, "pegar da pena" e começar.

Colocou uma nova vela no castiçal, sobre a bancada de cedro. Deixou a janela aberta para que entrassem as musas.

Só precisava da primeira linha. Alguma coisa para pôr a engrenagem em movimento.

...

Não conseguia.

...

As primeiras frases de *Cinco minutos* haviam saído tão fáceis. A carta para uma prima... E se repetisse a introdução, só para esquentar? Se quem escrevesse esse novo folhetim não fosse ele, José de Alencar, mas o mesmo rapaz sem nome que escreveu para a prima a longa carta contando sua história de amor com Carlota?

Ele, o rapaz, terminara *Cinco minutos* morando numa linda casa nas montanhas de Minas Gerais, *com um pequeno rio saltitando entre as pedras, algumas braças de terra, sol, ar puro, árvores, sombras,* e entre seus livros.

A mão de Alencar começou a escrever um prólogo: *Minha prima. — Gostou da minha história e pede-me um romance; acha que posso fazer alguma coisa neste ramo da literatura.*

Seguiu explicando que não se julgava habilitado para isso, mas, para satisfazê-la, aproveitaria as horas de folga para:

> *[...] copiar e remoçar um velho manuscrito que encontrei em um armário desta casa, quando a comprei. Estava abandonado e quase todo estragado pela umidade e pelo cupim, esse roedor eterno, que antes do dilúvio já se havia agarrado à arca de Noé...*

O rapaz sem nome parecia libertar a pena de Alencar mais uma vez!

— Obrigado, rapaz, quem quer que você seja, e de onde quer que você venha!

Pôs o prólogo de lado e pousou o bico da pena em uma nova folha.

As palavras do mestre de cantaria Joaquim... A imagem da parede que estava bem à sua frente... Escrever um folhetim era como erguer uma parede de pau a pique.

Cada capítulo seria um punhado de barro atirado à estrutura já armada.

Literatura de sopapo.

O barro, amassado por tanto, tanto tempo...

A pena correu sobre o papel.

> *De um dos cabeços da Serra dos Órgãos desliza um fio de água que se dirige para o norte, e engrossando com os mananciais que recebe no seu curso de dez léguas, torna-se rio caudal...*

POSFÁCIO

Marcos Flamínio Peres

No Brasil, o nome de José de Alencar é imediatamente associado à obra *O guarani*, o que dá ideia da tremenda força desse romance no imaginário do leitor. Talvez só *Iracema* tenha desfrutado de um poder de penetração parecido, mas *O guarani* tem a primazia: foi publicado antes, em 1857, e, por assim dizer, fundou o indianismo na prosa brasileira — algo que Gonçalves Dias já fizera na poesia com seus *Primeiros cantos* (1846). Pela quantidade de leitores que o gênero romance dispunha à época, *O guarani* pode ser considerado, para todos os efeitos, a obra de formação da nacionalidade. José Veríssimo, um dos mais importantes historiadores da literatura que tivemos, o chamou de "o romance brasileiro por excelência" (VERÍSSIMO, José. *História da literatura brasileira.* Rio de Janeiro: José Olympio, 1954. p. 226).

Publicada no *Diário do Rio de Janeiro* em formato de folhetim, capítulo a capítulo, a obra obteve um sucesso de público estrondoso, jamais visto até então. Inspiraria a ópera de mesmo nome, composta por Carlos Gomes, e o par central, Peri e Ceci, serviria de nome de batismo a inúmeras crianças nascidas nas gerações seguintes. Visconde de Taunay, o autor do romance *Inocência*, relembra os tempos de estudante na Faculdade de Direito de São Paulo, quando a chegada dos exemplares do jornal à capital paulista, trazendo o mais novo capítulo de *O guarani*, era aguardada com imensa expectativa:

> *[...] ainda vivamente me recordo do entusiasmo que despertou, verdadeira novidade emocional, desconhecida nesta cidade tão entregue às exclusivas preocupações do comércio e da bolsa. [...] Quando a São Paulo chegava o correio, com muitos dias de intervalo então, reuniam-se muitos e muitos estudantes numa república, em que houvesse qualquer feliz assinante do Diário do Rio, para ouvirem, absortos e sacudidos, de vez em quando, por elétrico frêmito, a leitura feita em voz alta por algum deles, que tivesse órgão mais forte. E o jornal era depois disputado com impaciência e pelas ruas se via agrupamentos em torno dos fumegantes lampiões da iluminação pública de outrora — ainda ouvintes a cercarem ávidos qualquer improvisado leitor.* (TAUNAY, Affonso de. *Reminiscências*. São Paulo: Melhoramentos, 1923. p. 85-86)

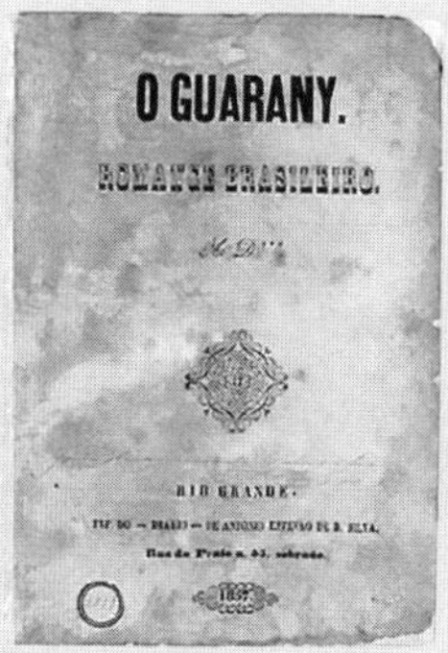

Reprodução/Coleção Jamil Nassif Abib

Capa da primeira edição de *O guarani*, de 1857.

O *Diário* era o jornal que Alencar dirigia, no qual também trabalhava como redator. Quando a publicação do romance iniciou, ele tinha apenas dois capítulos prontos. A rotina da escrita era, pois, exaustiva, conforme mostra em "Como e por que sou romancista" (1873):

No meio das labutações do jornalismo, oberado não somente com a redação de uma folha diária, mas com a administração da empresa, desempenhei-me da tarefa que me impusera, e cujo alcance eu não medira ao começar a publicação, apenas com os dois primeiros capítulos escritos. Meu tempo dividia-se desta forma. Acordava, pôr assim dizer, na mesa do trabalho; e escrevia o resto do capítulo começado no dia antecedente para enviá-lo à tipografia. Depois do almoço entrava por novo capítulo, que deixava em meio. Saía então para fazer algum exercício antes do jantar no Hotel de Europa. À tarde, até nove ou dez horas da noite, passava no escritório da redação, onde escrevia o artigo editorial e o mais que era preciso. [...] O resto do serão era repousar o espírito dessa árdua tarefa jornaleira, em alguma distração, como o teatro e as sociedades. (ALENCAR, José de. Como e porque sou romancista. *In*: ALENCAR, José de. *Ficção completa e outros escritos.* v. 1. Rio de Janeiro: Aguilar, 1965. p. 116)

Tamanho sucesso de público, porém, nunca mais se repetiria na carreira de Alencar — por mais que ele o tivesse perseguido insistentemente. Mesmo a edição em livro do romance, de mil exemplares lançados poucos meses após a publicação em folhetim ter sido concluída, já não teria a mesma sorte.

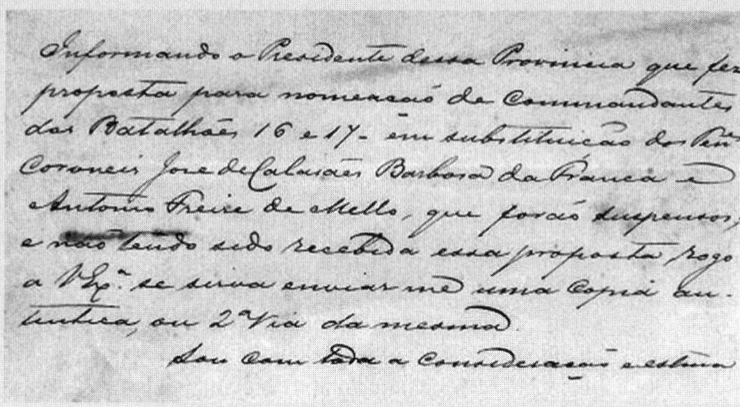

Informando o Presidente dessa Provincia que fez proposta para nomeação de Commandantes dos Batalhões 16 e 17 em substituição dos Ten. Coroneis José de Calasães Barbosa da França e Antonio Freire de Mello, que forão suspensos; e não tendo sido recebida essa proposta, rogo a V. Exª. se sirva enviar-me uma Copia authentica, ou 2ª Via da mesma.

Sou com toda a consideração e estima

Reprodução/Acervo particular

Após o lançamento de *O guarani*, Alencar segue com o ofício de escritor enquanto se lança na carreira política. Na imagem, carta dirigida ao Barão de Propriá, de 7 de agosto de 1869.

As inspirações para essa obra capital devem ser buscadas bem longe, a crermos no próprio escritor, que destaca em sua autobiografia a importância das leituras nos serões familiares:

Foi essa leitura contínua e repetida de novelas e romances que primeiro imprimiu em meu espírito a tendência para essa forma literária que é entre todas a de minha predileção? Não me animo a resolver esta questão psicológica, mas creio que ninguém contestará a influência das primeiras impressões. (ALENCAR, José de. Como e porque sou romancista. *In*: ALENCAR, José de. *Ficção completa e outros escritos*. v. 1. Rio de Janeiro: Aguilar, 1965. p. 107)

Araripe Júnior, o primeiro grande crítico da obra alencariana, destaca que, nascido em 1829 em Messejana, no Ceará, Alencar emigrou com a família para o Rio de Janeiro quando ainda era criança. Essa longa viagem por terra através de um Brasil ermo e selvagem despertaria, no então menino de 9 anos, o fascínio pela exuberância da natureza tropical, tão abundante nas descrições de *O guarani* e *Iracema*. "Infância é cera", diria o crítico (ARARIPE JÚNIOR, Tristão de A. José de Alencar: perfil literário. *In*: BOSI, Alfredo (org.). *Araripe Júnior*: teoria, crítica e história literária. Rio de Janeiro: Livros Técnicos e Científicos; São Paulo: Edusp, 1978. p. 38). Brito Broca também acentua como as impressões decorrentes dessa mesma viagem calaram fundo na sensibilidade do futuro escritor:

> *Essa natureza, vista pelo prisma feérico dos olhos deslumbrados de um menino, ficará sendo para sempre a "natureza" do romancista, a única que ele pôde sentir. Mais tarde, evocar o sertão será para ele retornar ao maravilhoso da infância.* (BRITO BROCA, José. Alencar: vida, obra e milagre. *In*: BRITO BROCA, José. *Ensaios de mão canhestra*. São Paulo: Polis, Brasília: Instituto Nacional do Livro, 1981. p. 19-20)

Do ponto de vista histórico, *O guarani* se insere na busca de afirmação nacional, em um momento em que o Brasil ainda penava para se firmar no cenário internacional como nação independente, e em âmbito interno, devido às diversas revoltas separatistas que assolaram o país até o final da primeira metade do século XIX. Sob esse ponto de vista, a idealização do indígena se transformava em índice de coesão política, oferecendo à jovem nação a imagem de um passado mítico e ajustado aos interesses da elite local. Para esta, incensar o passado pré-colonial implicava deixar na berlinda a imensa quantidade de africanos escravizados trazidos para o Brasil como mão de obra das lavouras de cana-de-açúcar que se espraiavam pelo litoral da então colônia portuguesa. Expurgados da fundação mítica do país, por assim dizer, os escravizados desapareceram da história e da ficção nacionais. Essa é a razão por que Alencar acabaria por situar seu romance no que denominou o "período histórico da literatura brasileira", conforme afirmou em "Benção paterna" (1872), a fim de representar "a gestação lenta do povo americano" (ALENCAR, José de. Benção paterna. *In: Cinco minutos, A viuvinha, A pata da Gazela, Sonhos d'ouro, Encarnação.* Rio de Janeiro: José Olympio, 1967. p. 166).

Mas o indianismo também fazia parte de um quadro mais amplo, que tinha a ver com o surgimento do Romantismo na Europa. Desde os seus primórdios, no final do século XVIII, os românticos procuraram lançar um novo olhar sobre o passado de suas nações, revalorizando seu folclore, sua língua, seus dialetos, suas literaturas e os períodos históricos deixados de lado pela cultura oficial, muito dominada pelo padrão francês. Foi por causa do Romantismo que épocas como a Idade Média, rapsódias de origem popular ou composições como as cantigas de amor e de amigo portuguesas passaram a despertar interesse e ser incorporadas às composições poéticas, narrativas, pictóricas e musicais.

Porém, o que significaria para um autor brasileiro de meados do século XIX vasculhar seu próprio passado, quando o Brasil era ainda uma colônia? Significava identificar e potencializar os elementos nativos de modo a construir uma tradição, na qual despontava o índio, primeiro habitante da terra que viria a ser chamada de Brasil. Nesse sentido, *O guarani* foi escrito como resposta à *A confederação dos tamoios* — poema indianista de Gonçalves de Magalhães que Alencar havia criticado duramente no ano anterior. Ao acusar Magalhães de artificialismo, o escritor cearense buscou, em *O guarani*, mostrar "como se faz" uma legítima obra indianista.

A influência dos romancistas históricos Walter Scott (escocês), Fenimore Cooper (estadunidense) ou do português Alexandre Herculano sobre *O guarani* é bastante relevante. No entanto, como faz questão de afirmar José Veríssimo, "muito embora seguindo trilhas já por outros abertas, José de Alencar o fez com sentimento diferente e próprio, inspiração pessoal e individualidade e engenho bastantes" (VERÍSSIMO, José. *História da literatura brasileira.* Rio de Janeiro: José Olympio, 1954. p. 228). Toda a concepção do romance de Alencar é bastante original, retrabalhando ora textos da narrativa medieval europeia, ora nossos primeiros cronistas coloniais, como Simão de

Vasconcelos, Jean de Léry, Gabriel Soares de Sousa e Rocha Pita. Além disso, a construção do espaço é muito sofisticada, nunca vista antes na literatura brasileira: a descrição da cabana de Peri e do quarto da heroína, Ceci, são de uma riqueza ímpar, que antecipam a polarização entre civilização e natureza que percorre todo o romance.

Embora tenha despertado pouca atenção da crítica logo após a publicação, *O guarani* pouco a pouco se tornaria unanimidade. José Veríssimo destaca a "vantagem de composição, de língua e estilo" (VERÍSSIMO, José. *História da literatura brasileira.* Rio de Janeiro: José Olympio, 1954. p. 226), que o tornava superior a todos os romances até então escritos no Brasil. Já Araripe Júnior fala do "tropicalismo intenso" de suas paisagens (ARARIPE JÚNIOR, Tristão de A. José de Alencar: perfil literário. *In*: BOSI, Alfredo (org.). *Araripe Júnior*: teoria, crítica e história literária. Rio de Janeiro: Livros Técnicos e Científicos; São Paulo: Edusp, 1978. p. 62). E Antonio Candido acentua o "exaltado senso visual" e a atenção ao "detalhe expressivo" presentes na obra. Mas Alencar tornou-se realmente importante, diz Candido, por ter sido "o único escritor de nossa literatura a criar um mito heroico: o de Peri" (CANDIDO, Antonio. *Formação da literatura brasileira.* v. II. Belo Horizonte: São Paulo: Itatiaia/Edusp, 1975. p. 223-224).

Talvez seja este o maior elogio que se possa fazer a esse romance único: o de grande criador de mitos da literatura brasileira.